CARLO ZUMSTEIN **SCHAMANISMUS**

CARLO
ZUMSTEIN

SCHAMANISMUS

BEGEGNUNGEN
MIT DER KRAFT

7. Auflage 2009
© 2001 Diederichs Verlag, München,
in der Verlagsgruppe Random House GmbH

Umschlaggestaltung: Werkstatt München / Weiss · Zembsch
Textredaktion: Loel Zwecker, München
Produktion: Ortrud Müller
Satz: EDV Fotosatz Huber/Verlagsservice G. Pfeifer,
Germering
Druck und Bindung: Druckerei J. P. Himmer,
Augsburg
Printed in Germany

ISBN 978-3-7205-2194-9

Weitere Informationen zu diesem Buch und
unserem gesamten lieferbaren Programm finden Sie unter
www.diederichs-verlag.de

INHALT

EINFÜHRUNG

WIEDERERWECKUNG DES SCHAMANISMUS

Zwei Wochen nach dem Schamanismus-Kongress vom 24. bis zum 29. Oktober 2000 in Garmisch-Partenkirchen rief Rolf an, ein Mittfünfziger, der sich mit der Herstellung von Schamanentrommeln durchschlägt. Er hatte am Rande des Kongresses innerhalb von drei Tagen alle seine Trommeln verkauft. Doch darüber mochte er sich nicht freuen, im Gegenteil, er war tief besorgt und bat mich um Rat. Schuld daran war sein alter Hund »Yoki« – oder die Geister des Schamanen Zeren Baawai. Rolf praktiziert selbst Schamanismus und mag daher seinen treuen Gefährten auch in der Öffentlichkeit nicht an der Leine gefangen halten. Dieser hatte sich auch immer an seiner Seite gehalten, obwohl weit über tausend Menschen aus ganz Europa zusammengeströmt waren, um die Schamanen und Schamaninnen der Naturvölker »live« zu erleben. Diese letzten ursprünglichen »Wanderer zwischen den Welten« – so der Kongress-Titel – waren aus allen Teilen der Welt in die süddeutsche Alpenstadt gereist, um eine Kostprobe ihres uralten Heilwissens zu geben.

Rolf erzählte, kurz vor Ende des Kongresses habe der mongolische Schamane Zeren Baawai mit seinen Begleiterinnen im Kongress-Park ein allen zugängliches Blutritual veranstaltet. Blut sollte aber nur als spirituelle Kraft anwesend sein. Wie bei solchen Ritualen üblich, brannte in der Mitte ein Feuer, um das sich die Teilnehmenden in einem Kreis versammelt hatten. Den Geistern wurden weiße Speisen geopfert. Völlig unerwartet stürzte sich Rolfs Hund Yoki auf die Opfergaben. Als eine von Baawais Begleiterinnen versuchte, ihn daran zu hindern, wurde sie vom groß gewachsenen Mischling so heftig bei Seite geschleudert, dass sie sich an der Nase eine Platzwunde zuzog und einen Zahn verlor – und somit floss Blut.

Rolf war vom Verhalten seines Hundes völlig überrascht. Er entschuldigte sich und kam selbstverständlich für die ärztliche Behandlung der jungen Mongolin auf. In Angst versetzte ihn die Androhung des von den westlichen Freunden der Mongolen eingeschalteten Juristen, für möglicherweise auftretende Gesichtsnarben auf Schmerzensgeld zu klagen. Rolf gestand ein, dass er Yoki entgegen den Vorschriften nicht an der Leine gehalten hatte. Doch waren bei diesem Unfall nicht auch Kräfte aus einer anderen Dimension im Spiel? Hatte da nicht ein mächtiger Schamane die Kraft des Blutes gerufen? Und ist es nicht denkbar, dass sich die Geister in der Gestalt von Rolfs Hund die geopferten Speisen holten? Doch würde Rolf dies einem rational denkenden Gericht verständlich machen können?

Rolfs Geschichte spiegelt den Zusammenprall zweier unterschiedlicher Weltbilder wider. Außerdem zeigt sich einmal mehr: Rituale sind Inszenierungen verborgener Kräfte und diese zeitigen Wirkungen, auch wenn diese für uns rational denkende Menschen schwer nachvollziehbar sind. Schamanismus ist eine Jahrtausende alte Kunst, mit den unsichtbaren Kräften des Universums zu heilen und zu zaubern.

Schamanismus ist älter als unsere Religionen, unsere Medizin und Psychologie. Ihnen allen gemeinsam aber ist die Auseinandersetzung mit den Grundfragen und -nöten des Menschen. Seit Bewusstsein erwacht ist, beschäftigen den Menschen drei Fragen: Woher komme ich? Wozu bin ich da? Wohin gehe ich? – Und immer hat der Mensch nach einer Instanz gesucht, die ihm diese Fragen beantworten kann. Er sucht nach einem Schöpfer der Welt, in die er sich geworfen findet. So lautet denn die Kardinalfrage: Wer steht hinter dem Geheimnis der Schöpfung?

Kinder stellen sehr früh die erste dieser drei Fragen: »Woher komme ich?« Noch heute ist eine der möglichen Antworten der überraschten Mutter: »Der Storch hat dich gebracht.« Das ist im Grunde eine schamanische Antwort: Einerseits bestätigt die Mutter ihrem Kind die tiefe Verbindung zwischen Mensch und Tier; Kinder selbst fühlen sich besonders zu Tieren hingezogen. Andererseits erscheint das Tier in dieser Antwort als Mittler zwischen uns Menschen und einem mythischen Ort, wo die Seelen ins Dasein geboren werden. Für die Schamanen war und ist das Tier der Mittler zu jener Kraft, die Leben hervorbringt, zurücknimmt und heilt. Zusammen mit den Ahnengeistern sind die Tiere die wichtigsten Verbündeten beim Heilen und Helfen. Leben und Überleben zu ermöglichen sowie Krankheiten zu heilen gehört seit Jahrtausenden überall auf der Welt zu den zentralen Aufgaben der Schamanen und Schamaninnen.

Heute werden fortschrittliche Mütter ihren Kindern eher antworten: »Du kommst aus meinem Bauch!« Und wenn das Kind wissen will, wie es da hineingekommen sei, kann die Mutter erklären, es sei aus der liebenden Vereinigung zwischen ihr und dem Vater hervorgegangen. Sie wird froh sein, wenn das Kind nicht weiter fragt, wie denn seine Seele zur Mutter gekommen sei. Denn die Mutter müsste wieder auf den Storch zurückgreifen oder auf den Heiligen Geist, die Taube. Sie müsste wieder zur Mythologie Zuflucht nehmen.

Ist es die Suche nach dem verlorenen Mythos, die heutige Menschen zum Schamanismus hinzieht? Schamanismus ist gleichsam in der Kindheit des menschlichen Bewusstseins entstanden. Denn sobald Bewusstsein erwacht, stellt es Fragen, allen voran die drei Grundfragen des Daseins. Wir brauchen eine Vorstellung von der Entstehung der Welt und von uns selbst, um uns in der Welt aufgehoben zu fühlen. Wir brauchen einen Mythos. Erst dann können wir Selbstbewusstsein entwickeln und die Welt wissenschaftlich erklären. Der Schamane ist die Verkörperung dieses Grundbedürfnisses nach Einbettung in der Welt. Mit dem Erwachen des Bewusstseins ist im Menschen auch der Schamane erwacht.

Erste Zeugnisse von Schamanen finden wir in den Steinzeithöhlen vor etwa 20 000 Jahren. Dort haben sie sich zusammen mit der Urmutter, dem Jäger-Vater und dem Tier an die Höhlenwände gemalt. Bis heute ist ihre Botschaft dieselbe geblieben: Mensch, Tier, Pflanzen, die ganze Natur sind in einem ewigen Kreislauf der Lebenskräfte miteinander verbunden im großen Ganzen des Universums.

In den Buchhandlungen finden wir die Bücher über Schamanismus in den Regalen »Esoterik«, »Religion« oder »Psychologie«. Warum nicht umgekehrt? Schamanismus ist älter als jedes dieser drei Wissensgebiete. Er steht zu diesen wie der Wurzelstock eines Wildbaumes, auf den ein veredelter Zweig einer Zuchtform aufgepfropft wird, aus dem ein starker Baum mit anmutigen und fein schmeckenden Früchten herauswächst. Schamanismus ist der Wurzelstock der seit Jahrtausenden in den Klöstern und später in den Universitäten kultivierten Antworten auf die Grundfragen der menschlichen Existenz.

Die Religionen, Naturwissenschaften, die Medizin und die Psychologie schöpfen aus der ursprünglichen Kraft des Schamanismus, wie der aufgepfropfte Zweig aus dem Wildbaum. Bei den Naturvölkern finden wir heute verschiedene »Kreuzungen« des Wildbaumes Schamanismus mit »zivilisierten« Religionen, deren Samen seit dem 15. Jahrhundert von den Einwanderern, Soldaten und Missionaren nach Amerika, Afrika und Australien geschleppt wurden. Der ursprüngliche Schamanismus scheint ausgestorben zu sein.

Dennoch hat Schamanismus die Kraft der Wildnis behalten, und genau diese ursprüngliche, wilde Kraft suchen viele Menschen heute wieder, als Heilkraft, aber auch als Kraft, die uns selbst wieder mit den Wurzeln unseres Daseins verbindet. Schamanismus ist wild, aber nicht primitiv. Er ist eine hoch entwickelte Form des Lebens in Übereinstimmung mit der Natur, so wie sich die Wurzeln auf hoch differenzierte Weise der umgebenden Erde anpassen, um ihr Wasser und Nährstoffe für das Wachstum der ganzen Pflanze zu entziehen. Die Schamanen haben nie aufgehört, in Einheit mit der Natur zu leben. Schamanen kennen die Gesetze der Wildnis, die Heilkräfte der Pflanzen, die Kraft der Elemente Erde, Feuer, Wasser, Luft und jene der Himmelsrichtungen. Sie kennen die verborgenen Kräfte hinter den sichtbaren

Formen des Lebens und sie können sich verbinden und verbünden mit jener universellen Kraft, die alles hervorbringt, was ist und alles mit Leben beseelt. Diese universelle Kraft nennen wir hier einfach *Kraft*.

Der Schamanismus-Boom in der westlichen Welt setzte mit den Büchern von Carlos Castaneda Ende der sechziger Jahre des 20. Jahrhunderts ein. Der junge amerikanische Anthropologe, in New Mexico auf der Suche nach Informationen über Heilpflanzen, wird vom alten Iaqui-Indianer Don Juan in die magische Welt der toltekischen Schamanen gelockt. Bevor er sich dagegen wehren kann, ist aus dem distanzierten Forscher ein naiver Schüler geworden. Im Laufe seiner langen Lehrzeit erfährt Castaneda am eigenen Leibe, wie die Schamanen durch Veränderung ihres Bewusstseins die Grenzen der alltäglichen Wirklichkeit überschreiten und sich mit der *Kraft* einlassen, sie zum Zaubern einsetzen. Castaneda lernt, mit dem Adler durch die Lüfte zu fliegen, sich an leuchtenden Energiefäden senkrechte Felsen hochzuziehen, magische Helfer aus dem Wasser aufsteigen zu lassen und gemeinsam mit anderen Zauberern geheimnisvolle Traumwelten zu kreieren.

Castanedas Bücher wurden in alle wichtigen Sprachen übersetzt und erreichten hohe Auflagenzahlen. Das schicksalhafte Zusammentreffen eines ahnungslosen Westlers mit einem Angehörigen eines nativen, d.h. eingeborenen Volkes, der sich bald als mächtiger Schamane entpuppt und den Fremden im Laufe einer abenteuerlichen Lehrzeit ins verborgene Wissen der Schamanen einweiht, ist seit Castaneda zum Grundmuster von Berichten über den geheimnisvollen Umgang mit den verborgenen Kräften der Natur geworden.

Castaneda hat auch für die Wissenschaftler einen neuen Stil der Erforschung des Schamanismus geprägt. Schamanismus ist Erfahrungswissen, nur jene können authentisch darüber berichten, die es am eigenen Leib erfahren haben. Den Fragebogen-Ethnologen oder -Anthropologen bleiben die Heil- und Zauberkräfte der Schamanen verborgen. Heute gehen immer mehr Forscher selbst den Weg des Schamanen, um die Geheimnisse der *Kraft* zu ergründen. Ihre Bücher füllen inzwischen ganze Regale in den Buchhandlungen. Im Fernsehen wird über Expeditionen zu noch nicht entdeckten Schamanen irgendwo im Himalaja, in den Urwäldern Afrikas oder in den Steppen Australiens berichtet, während die indianischen und sibirischen Schamanen bereits in den westlichen Fernsehstudios »live« auftreten zwischen ihren Workshops für zivilisationsmüde Menschen.

Angesichts der zunehmenden Technisierung des täglichen Lebens, der Übermacht des rationalen Denkens, der Zerstörung der Umwelt sehnen sich viele Menschen nach dem einfachen Leben in Übereinstimmung mit der Natur. Zurück zu den Wurzeln ist der Ruf der sehnsüchtigen Herzen – ohne genau zu wissen, wonach sie suchen, was sie ersehnen. Sie nennen es Liebe, Natur, Verbundenheit, Ursprünglichkeit. In den geheimnisvollen Ritualen und Zeremonien der Schamanen scheinen sie einen Ersatz für die verlorenen Traditionen und die Religion zu finden, und sie befriedigen die Abenteuerlust. Menschen jeden Alters, jeder beruflichen und sozialen Schicht suchen bei den so genannten primitiven Völkern Antworten auf ihre dringendsten Lebensfragen: »Wo ist mein Ursprung? Wozu bin ich da in dieser Welt? Wohin steuert die Welt?« Die Integration schamanischer Heilmethoden ist zum Markenzeichen sich modern gebender Therapeuten geworden, die oft nicht bedenken, dass der Schamane Teil einer Lebensgemeinschaft war, die von der Zivilisation längst zerstört worden ist. Der Schamane und die Schamanin sind zu Symbolfiguren von Wunderheilern und Eingeweihten in die Geheimnisse der Natur geworden.

Ein wichtiger Grund für die Renaissance des Schamanismus liegt wohl in der säkularisierten Gesellschaft selbst. Wir haben den Mythos verloren, die großen Religionen finden immer stärkere Konkurrenz in kleinen Sektengruppen. Die Naturwissenschaften, die Psychologie und die Gesetzgeber erheben Anspruch, die Geheimnisse des Lebens zu erklären, ohne aber den Menschen Halt und Führung zu geben. Die hergebrachten familiären, sozialen und gesellschaftlichen Strukturen lösen sich immer mehr auf. Wir haben unsere Bindung an eine gemeinsame Kosmologie verloren, eine einigende Religion fehlt, wir sind gesellschaftlich und politisch zersplittert. Jeder Mensch kann und muss sich sein eigenes Weltbild zurechtlegen und steht damit alleine. Im Grunde entspricht dies genau der Situation der Menschen der Vorzeit. Sie standen ohne Hilfsmittel in der Wildnis. Schamanismus war die erste und ursprüngliche Möglichkeit des Menschen, sich selbst im Wechselspiel der elementaren Kräfte zu verstehen und einzuordnen.

Heute sind es nicht mehr die Kräfte der Wildnis, die uns ganz direkt herausfordern. Es ist das Kräftespiel einer globalisierten Welt, in dem wir uns selbst nur schwer zurechtfinden. Wir sind einer Art Verwilderung der Kräfte der Zivilisation ausgesetzt. Da sehnen sich die Menschen nach einem einfachen Leben in einer übersichtlichen Welt. Sie suchen Zuflucht bei archaischen Erklärungsversuchen und Methoden der Lebensbewältigung. Solche finden wir im Schamanismus.

Schamanismus ist ein seit Jahrtausenden praktiziertes, gehütetes und mündlich weitergegebenes Wissen über den heilsamen Umgang mit den Kräften der Wildnis, letztlich mit der universellen *Kraft*. Schamanismus ist Erfahrungswissen, dessen Kern dem rationalen Denken des distanzierten Wissenschaftlers ebenso verborgen bleibt wie dem in der Stube hockenden Leser. Im Grunde müssen die schamanischen Rituale und Zeremonien praktiziert werden, nur so kann ihre Heil- und Zauberkraft erfahren werden.

SCHAMANISMUS, SCHAMANE, SCHAMANIN

Schamanismus ist das älteste Wissen über die verborgenen Kräfte des Universums. Seit Jahrtausenden wirken Schamanen und Schamaninnen bei den Naturvölkern aller fünf Kontinente als Heiler, Zauberer, Wahrsager, Weise und Künstler. Sie trommeln und tanzen sich in Trance, gehen auf *Jenseitsreisen*, rufen Geister als *Verbün-

dete und heilen mit den verborgenen Kräften der Natur. Sie sind Mittler und Boten der alles belebenden und beseelenden Schöpferkraft. Die Erde ist ihre Mutter, die Tiere sind ihre Geschwister, die Pflanzen und Steine ihre Verwandten, die Ahnen ihre Ratgeber. Feuer und Wasser sind ihre Medizin. Sie singen die Botschaften des Windes. Wo sie ihre *Rituale* feiern, treffen sich die Kräfte aller Himmelsrichtungen.

Schamanen sind Brückenbauer zu verborgenen Wirklichkeiten, sie bringen den kranken Menschen verlorene Lebenskraft zurück und begleiten die Seelen Verstorbener ins Jenseits. Während ihrer *Zeremonien* und *Rituale* tragen sie bunt geschmückte Gewänder und verwenden kunstvoll gefertigte *Kraftobjekte* aus Pflanzenteilen, Tierknochen, Häuten, Vogelfedern, Steinen zum Übertragen der *Kraft*. Ihr wichtigstes Instrument ist die Schamanentrommel. Überall auf der Welt ist die flache Rahmentrommel, bespannt mit Tierfell und geschmückt mit Zeichnungen ihrer *Verbündeten*, Kennzeichen der Schamanen. Ihr monotoner Klang versetzt sie in Trance und begleitet sie auf die *schamanische Reise* in die *Nichtalltägliche Wirklichkeit*. In gewissen schamanischen Traditionen wird der *schamanische Bewusstseinszustand* mit Hilfe von Drogen ausgelöst.

In der *Kosmologie* der Schamanen ist die *Nichtalltägliche Wirklichkeit* in drei Ebenen unterteilt. In der *Unteren Welt* führen sie Tiergeister zu den Quellen der Lebenskraft. In der *Oberen Welt* holen sie sich bei den *Ahnengeistern* Wissen und Rat. Die *Mittlere Welt* ist ihre Lebenswelt. Das Universum ist von *Kraft* durchdrungen. Sie belebt und beseelt alles, was ist, den Adler in den Lüften, den Stein in der Hand, die Heilpflanze auf der Wunde.

Schamanismus ist überall auf der Welt entstanden. Die kleinen Horden vorgeschichtlicher Jäger und Sammler sahen sich überall denselben existenziellen Herausforderungen ausgesetzt. Der Schamane half, gute Jagdplätze aufzuspüren, essbare und heilsame Pflanzen zu finden, sich mit den Seelen der getöteten Tiere zu versöhnen, die Gemeinschaft vor Feinden zu schützen und fruchtbar zu sein. Sein Wissen gab er einem seiner Kinder weiter. Die *Initiation* zum Schamanen oder zur Schamanin kann auch durch eine Begegnung mit dem Tod oder eine schwere Krankheit erfolgen. Ein Mensch kann einem inneren Ruf folgend einen erfahrenen Schamanen aufsuchen, der ihn zunächst zur *Visionssuche* in die Wildnis schickt. Hitze, Kälte, Unwetter, Angst, Einsamkeit, Hunger und Durst sprengen die Grenzen des Ich und lösen Visionen aus, in denen sich die Hilfsgeister und die Lebensaufgabe des künftigen Schamanen ankündigen. Erst dann wird der Anwärter in eine oft Jahre dauernde Lehrzeit aufgenommen.

Westliche Eroberer, Soldaten und Missionare trafen als Erste auf die indigenen Schamanen. Ihnen sind lange Zeit später die Ethnologen und Anthropologen gefolgt. Manche beschrieben die Schamanen als Hexer, Teufelsanbeter oder als psychisch Kranke. Carlos Castaneda und Michael Harner gehören zu den ersten Weißen, die durch *native Schamanen* eingeweiht und selbst zu Schamanen wurden. Seither haben viele Schamanen und Schamaninnen der verschiedensten Traditionen ihr Schweigen gebrochen und ihr Wissen an Interessierte in den zivilisierten Ländern weitergegeben.

Michael Harner und Sandra Ingerman haben im Core-Schamanismus die wichtigsten schamanischen Heilmethoden wie Seelenrückholung, Extraktion und Divination sowie die Begleitung von Sterbenden, die Hilfe für verlorene Seelen, die Lösung von Besetzungen für westliche Menschen lern- und praktizierbar gemacht. Eine neue Generation von schamanisch tätigen Menschen bietet vor allem seelisch leidenden Menschen erfolgreich spirituelle Hilfe an.

SPUREN DER SCHAMANEN

Bei genauer Betrachtung finden sich überall in unserem zivilisierten Leben Spuren des Schamanismus. Dort, wo heute Kapellen, Kirchen, Klöster stehen, waren häufig *Kraftplätze* der alten Schamanen, dort haben sie Heilrituale sowie Zeremonien zur Sonnenwende und zum Vollmond durchgeführt. Die Kirchen haben die alten Jahreszeitfeste auch gleich mit übernommen. Die Katholiken feiern Weihnachten, die Geburt Christi, wenige Tage nach der Wintersonnenwende; Ostern, die Auferstehung Christi, am ersten Vollmond nach der Frühlings-Tagundnachtgleiche.

Der Schamane war für seine Gemeinschaft, was für uns heute der Priester, Arzt, Lehrer und Psychotherapeut ist. Die Frage des Arztes: »Was fehlt Ihnen?« wurzelt in der Heiltradition der Schamanen. Aus der Sicht des Schamanen lebt ein gesunder Mensch in Harmonie mit den Gesetzen der Natur. Krankheit ist der Verlust dieser Harmonie. Während sich der Schamane von seinen Geistern Heilpflanzen zeigen lässt, benützt der moderne Arzt Laborgeräte und Tomografen und verabreicht Medikamente. Dennoch will auch der Arzt, dass im Mensch die Übereinstimmung mit den Gesetzen der Natur wieder hergestellt wird.

Das menschliche Bewusstsein ist in den letzten Jahren zu einem wichtigen Forschungsgebiet der Psychologie und Neurologie geworden. Dazu gehört die Erforschung der Techniken zur Auslösung und Anwendung von veränderten Bewusstseinszuständen. Die Schamanen waren die ersten »Bewusstseinsforscher«, sie haben Techniken wie monotones Trommeln, Tanzen, Drogeneinnahme, Fasten in der Wildnis seit Jahrtausenden erforscht und erfolgreich zum Heilen eingesetzt. Ihre Berichte der Trancereisen in andere Wirklichkeiten liefern den Psychologen wertvolle Hinweise zum Verständnis von psychischen Krankheiten. Menschen in Psychosen treiben hilflos in Erlebniswelten umher, in welchen sich die Schamanen sicher zu bewegen vermögen. Von ihnen könnte man auch lernen, das Drogenproblem zu bewältigen. Was bei uns zum »Schmeißen« von Drogen verkommen ist, gehört bei den Schamanen zu den heiligsten und bestgehüteten Ritualen.

Nicht nur zivilisationsmüde und esoterisch angehauchte Menschen reisen zu den Schamanen nach Amerika, Afrika, Sibirien und Australien. Neben Journalisten, die die letzten großen Schamanen aufspüren, senden multinationale Pharmakonzerne speziell ausgebildete Ethnobotaniker in die Urwälder, um Schamanen und Kräuterdoktoren das uralte Wissen über Heilpflanzen abzukaufen, weil die Kosten für die synthetische Entwicklung neuer Heilmittel in den chemischen Labors Millionen verschlingt und fünf bis zehn Jahre in Anspruch nimmt. Eine neue Art der Vermarktung schamanischen Wissens.

Nebenbei gesagt: Wenn der Ethnobotaniker mit einem Schamanen zusammentrifft, prallen erneut zwei ganz unterschiedliche Welt- und Naturverständnisse aufeinander. Der Ethnobotaniker sieht die Pflanze als Wirkstofflieferanten und erforscht deren Produktionsmechanismus, um ihn letztlich im Labor nachzuahmen und zur Heilmittelproduktion zu nützen. Der Wissenschaftler dient insgeheim dem christlichen Auftrag, den Menschen die Vorherrschaft über die Welt zu sichern. Der Schamane ist beseelt vom Wunsch, mit der Pflanze als Partner zusammenzuleben. Sie spricht mit ihm über ihren Lebensraum und ihre Nachbarn; sie zeigt ihm, in welchen ihrer Teile Heilkräfte verborgen sind und zu welcher Jahres- und Tageszeit deren Kraft am größten ist. Der Schamane bedankt sich bei der Pflanze für ihr Wissen und ihre Heilkraft.

Die Schamanen sind die Weisen und Heiler jener Menschen, die als Gäste durch die Welt ziehen und vielerorts bis heute Nomaden geblieben sind. Wohl keiner hat das Natur- und Weltverständnis jener Menschen besser in Worte gefasst als Chief Seattle, der Häuptling der Duwamish-Indianer. In seiner Rede an den Präsidenten der Vereinigten Staaten, der den Indianern vorschlug, das Land an weiße Siedler zu verkaufen und in ein Reservat zu ziehen, sagte Chief Seattle 1855:

>»Wie kann man den Himmel kaufen oder verkaufen – oder die Wärme der Erde? Diese Vorstellung ist uns fremd. Wenn wir die Frische der Luft und das Glitzern des Wassers nicht besitzen – wie könnt Ihr sie von uns kaufen? [...]

Meine Worte sind wie die Sterne, sie gehen nicht unter. Jeder Teil dieser Erde ist meinem Volk heilig, jede glitzernde Tannennadel, jeder sandige Strand, jeder Nebel in den dunklen Wäldern, jede Lichtung, jedes summende Insekt ist heilig, in den Gedanken und Erfahrungen meines Volkes. Der Saft, der in den Bäumen steigt, trägt die Erinnerung des roten Mannes.«

(Seattle o.J., S. 8f.)

Wenn wir auf dem Berggipfel den Aufgang der Sonne miterleben oder ihre glutrote Scheibe ins Meer sinken sehen, erwacht in unseren Knochen jenes uralte Wissen und durchströmt jede Faser unseres Wesens. Tief in uns allen lebt die Sehnsucht nach einem Leben in Einheit mit der Natur. Wenn heutige Menschen ihre Faszination durch den Schamanismus begründen, erwähnen sie als Erstes seine Naturverbundenheit und dann den Zugang zu den verborgenen Kräften.

Die Menschen der Vorzeit wurden vom Leben selbst zum Schamanismus geführt. Heute ist es umgekehrt, die alten Schamanen lehren, dass die elementarsten Lebensprozesse eine Begegnung mit den verborgenen Kräften der Natur sind.

DIE FÜNF PFADE ZUM
SCHAMANISMUS

Die Zivilisation hat den Schamanismus unter sich begraben, die wilde Erde verborgen unter dem Mantel einer künstlichen Umwelt, angefertigt nach den Schnittmustern der Natur- und Rechtswissenschaften, der Religion und Psychologie. Wie können wir Menschen des 21. Jahrhunderts uns dennoch dem Schamanismus nähern? Wo finden wir den Schamanen in seiner ursprünglichen Gestalt? Fünf Pfade stehen uns offen.

Die Ethnologen und Anthropologen, die für Schamanismus zuständigen Wissenschaftler, würden uns raten, zu einem Naturvolk zu reisen, z.B. zu den Navajo-Indianern nach Amerika, zu den Ewenken nach Sibirien, den San ins südliche Afrika oder zu den Aborigines nach Australien und uns dort nach einem ihrer Schamanen oder Schamaninnen durchzufragen. Wer dort hingeht, müsste mehrere Monate bleiben, um das Vertrauen eines Schamanen oder einer Schamanin zu gewinnen und in sein oder ihr Wissen eingeweiht zu werden.

Es gibt noch einen viel näher liegenden Zugang zum Wissen der Schamanen. Wir brauchen uns nur an die Märchen unserer Kinderzeit zu erinnern. Heute verbergen die aufgebügelten Deutungen der Psychologie zwar oft ihre ursprünglichen Botschaften. Doch im Grunde ist das Vermächtnis der Schamanen in die wundersamen Geschichten eingewoben. Wenn wir uns das Märchen »Frau Holle« unvoreingenommen anhören, dann offenbart es uns eine detaillierte Anleitung zur schamanischen Initiation. Viele Märchen sind wie Wegweiser zum Wissen der Schamanen.

Eigentlich sind wir alle schon initiiert, eingeweiht ins Wissen der Schamanen. Denn wir gehen jede Nacht den Pfad in die verborgenen Welten der *Kraft*. Nachts während des Schlafes gleiten wir unbemerkt durch den dunklen Schacht der Bewusstlosigkeit in die Traumzeit. So nennen die australischen Schamanen jene weit zurückliegende Zeit, als es noch keine Trennung gab zwischen der materiellen und der immateriellen Welt, als die Wachwelt und die Traumwelt noch eins waren, als die Menschen noch in Harmonie mit allen Kräften des Universums lebten. Traumzeit ist die Zeit der Schamanen.

Michael Harner, amerikanischer Anthropologieprofessor und Schamanismusforscher, hat mit einer Verbindung von uralten schamanischen Techniken und modernen Wachtraumtechniken einen Pfad gefunden, auf dem man einfach und gefahrlos in die schamanischen Welten reisen kann. Harner nennt ihn Core-Schamanismus, Kern-Schamanismus.

Ein wichtiger Zugang zum Schamanismus in seiner ursprünglichen Form ist bisher kaum beachtet worden. In den Steinzeithöhlen haben die ersten Schamanen in monumentalen Gemälden die Geburt des Schamanismus angekündigt. Dort finden wir Zeugen der ursprünglichen Verbindung des Menschen mit den verborgenen Kräften des Universums.

Fünf Pfade führen uns zu den Schamanen:
- Die Märchen und Mythen
- Das Träumen
- Die Reise zu Naturvölkern
- Die Trancereisen des Core-Schamanismus
- Die Reise an den Ursprung des Bewusstseins in den Steinzeithöhlen.

1. PFAD: MÄRCHEN
EINFÜHRUNG IN DAS
SCHAMANISCHE BASISWISSEN

Heute werden Märchen ausschließlich als psychologische Bildbeschreibungen der kollektiven Seelenkräfte gesehen. Doch Märchen sind mehr. Sie geben auf einfache Weise das Wissen um die Geheimnisse des Daseins und der Welt weiter. Ein Märchen wie »Frau Holle« ist eine praktische Anleitung zur Erfahrung der verborgenen Welten und deren Kräfte. Wir erfahren, wie wir uns den Weg dorthin öffnen können, was uns dort erwartet und wie wir uns zu verhalten haben, um in die Geheimnisse der *Kraft* eingeweiht zu werden.

Das Märchen »Frau Holle« erzählt, wie das Waisenkind Marie von ihrer Stiefmutter und Stiefschwester ausgenützt und zurückgestoßen wird. Eines Abends will sie die neu gesponnene Spindel Flachs im Brunnen waschen, weil sie vom Blut ihrer zerschundenen Hände beschmutzt ist. Die Spindel rutscht ihr aus der Hand und fällt in den Brunnen. In Angst und Verzweiflung lehnt sich Marie tief in den Brunnen und stürzt dem kostbaren Gegenstand hinterher. Sie verliert das Bewusstsein. Als sie wieder zu sich kommt, findet sie sich nicht am Grund des Brunnens, sondern auf einer schönen Wiese wieder.

In allen schamanischen Traditionen ist überliefert, dass Menschen mit schwerem Schicksal wie das Waisenkind Marie – ausgestoßene, geschundene, erniedrigte Wesen, eben bereits an den Rand gedrängte – prädestiniert sind, Zugang und Aufnahme in der spirituellen Welt zu finden. Die fehlende Kraft in dieser Welt wird durch die Initiation, die Einweihung in die Kräfte der verborgenen Welten, kompensiert. Auslösendes Ereignis ist oft eine Krankheit, ein Unfall, ein Nahtoderlebnis. Hier ist es die Angst vor der Bestrafung durch die Stiefmutter.

Der Brunnenschacht ist der Durchgang zur anderen Welt, zur *Nichtalltäglichen Wirklichkeit*. Das Eintauchen in diese dunkle, gestaltlose Zwischenwelt geht einher mit dem Verlust des gewohnten Bewusstseins und dem Erwachen in den *schamanischen Bewusstseinszustand* mit veränderter Wahrnehmung. Die Verbindungen zur Alltagswelt müssen ganz abbrechen. Drüben hört Marie einen Apfelbaum bittend rufen, er müsse dringend von den schweren Äpfeln befreit werden, Brote im heißen Backofen wollen vor dem Verbrennen gerettet werden. In der Anderswelt wird die neu Angekommene von Bäumen und Broten, die reden können, aufgefordert, Aufgaben zu übernehmen. Dies sind Zulassungsprüfungen zu den Geheimnissen der anderen Welt.

Als Marie schließlich zur Hüterin des Wissens vordringt, begegnet ihr nicht eine strahlende Königin, sondern eine alte Frau mit erschreckend großem Gebiss. Hinter ihr verbirgt sich die weise Frau, die spirituelle Verbündete. Sie ist die Lehrerin, sie führt die Novizin ins Wissen und die Kraft der anderen Welt ein. Trotz anfänglicher Furcht übernimmt Marie die ihr übertragene Aufgabe und entdeckt hinter dem einfachen Bettdecken-Schütteln ein Geheimnis: Über die Erde legt sich eine Schneeschicht. Die Zeit des Winterschlafes, des Rückzuges unter die Erde bricht an. Dort wird in der dunklen Zeit die Kraft erneuert, die neues Leben zum Keimen bringt. Durch ihren Sturz in die Tiefe der Erde ist die kleine Marie genau in jene Welt der Kraft gekommen. Auf Geheiß ihrer Lehrerin bringt sie die Menschen mit der Kraft der Anderswelt in Kontakt. Das Deckenschütteln ist eines der einfachen Kraftrituale, wie sie auch die Schamanen von ihren spirituellen Verbündeten aufgetragen bekommen, um die Menschen in der Alltagswirklichkeit mit der universellen Lebenskraft in Verbindung zu bringen.

Obwohl Marie von Frau Holle gut behandelt wird und ihre Aufgabe liebt, ruft Heimweh sie zurück, dorthin, wo sie vielleicht wieder ausgestoßen werden wird von Stiefmutter und -schwester. Der Aufenthalt in der spirituellen Welt ist immer zeitlich begrenzt. Schamanen sind Brückenbauer und als solche Wanderer zwischen den Welten. Sie sagen, ein Jenseitsreisender, der nicht zurückkehrt, ist ein wirkungsloser Verrückter.

Marie muss aber nicht etwa mühsam den Brunnenschacht hochklettern. Für sie öffnet die weise Frau das Tor zwischen den Welten. Hier findet die eigentliche *Initiation* statt. Marie wird mit Gold übergossen, äußeres Zeichen der Verleihung besonderer Gaben, Fähigkeiten – Zeichen der Initiation. Als Goldmarie erregt sie den Neid der Stiefschwester. Diese verschafft sich mit dem Wissen ihrer initiierten Schwester mutwillig Zugang zur anderen Welt. Aber nur an den äußeren Werten interessiert, mag sie weder die Prüfungen übernehmen, noch hält sie das tägliche Deckenschütteln lange durch. Als sie von der weisen Frau Holle zur Rückkehr aufgefordert wird, verlangt die Unglückselige ihren Lohn und wird am Tor zur Alltagswelt mit Pech übergossen, vielleicht das äußere Zeichen für ein seelisches Leiden als Folge des mutwilligen Eindringens in die spirituelle Welt. Auch Pechmarie bleibt zeitlebens gekennzeichnet.

Im Märchen »Frau Holle« findet sich das schamanische Basiswissen:

- Schamanisches Reisen in die *Nichtalltägliche Wirklichkeit*. Bewusstseinsveränderung und Durchgang durch einen Tunnel (eine strukturlose Zwischenwelt) in eine Anderswelt.
- Zusammenarbeit mit *Geistkräften*: Krafttiere oder Ahnenwesen werden zu *Verbündeten*.
- *Rituale:* Handlungen, mit deren Hilfe die *Kraft* in der Alltagswirklichkeit zur Wirkung gebracht wird.
- *Initiation:* Einweihung in die Geheimnisse der *Kraft* und Ermächtigung, diese anzuwenden.
- Das Märchen ist auch ein Lehrstück schamanischer Ethik, d.h. des verantwortungsvollen Umganges mit spirituellem Wissen.

Viele andere Märchen und Mythen, auf die hier nicht eingegangen werden kann, enthalten Anleitungen zum Schamanisieren. Wer hat das schamanische Wissen in einer Mär wie »Frau Holle« untergebracht? Aus welcher Zeit stammt es? Wo sind die Schamanen von damals? Wir wissen nichts Verlässliches darüber. Man sagt, unsere schamanischen Vorfahren seien die keltischen Schamanen, die Druiden. Sie sind den Römern und der christlichen Kirche zum Opfer gefallen. Wie konnte dieses Wissen bis heute unentdeckt, gleichsam im Verborgenen überleben? Tom Cowan versucht in seinem Buch »Die Schamanen von Avalon« nachzuweisen, dass in Schottland, Irland und England keltische Traditionen noch heute zum täglichen Leben gehören (Cowan, 1998). Dennoch heilen bei uns keine Druiden mehr und ihr Zaubertrank wirkt nur noch in Comic-Heften.

2. PFAD: TRÄUMEN
DAS ERWACHEN DES SCHAMANEN

Die Sequenz Einschlafen-Träumen-Erwachen ist die Urform der schamanischen Seelenreise und unser nächstliegender Zugang zur universellen *Kraft*. Ich nenne sie hier die *Traumreise*. Sie beginnt im Wachzustand und endet mit dem Erwachen. Im Märchen sind die drei Phasen der Traumreise abgebildet als Sturz in den Brunnen und in die Bewusstlosigkeit, als Traumzeit bei Frau Holle und als die Rückkehr nach Hause. Es gibt gute Gründe anzunehmen, dass die Traumreise die Wurzel des Schamanismus ist. Die Schamanen haben immer schon das Leben selbst als Vorlage für ihre Praktiken genommen. Die Kernpraktik in allen schamanischen Traditionen ist die Jenseitsreise mit den drei Elementen Einschlafen-Träumen-Erwachen. Nur initiiert der Schamane sie absichtlich. Statt sich in den Schlaf sinken zu lassen, trommelt und tanzt er sich in Trance, er verfolgt im Traum das Ziel, von seinen geistigen Verbündeten Kraft und Beistand zu erfahren und er bringt diese sorgsam in die Wachwelt zurück. Wir aber lassen uns vom Schlaf übermannen, liefern uns den Träumen aus, sodass wir uns oft nur noch durch Flucht in den Wachzustand aus einem Albtraum zu retten vermögen. Wir haben es nicht anders gelernt.

Um die Traumreise zu würdigen, müssen wir alles über Bord werfen, was uns die Psychologie über den Umgang mit und das Verständnis von Träumen lehrt, und das tun, was sie uns nicht lehrt: Traumwachheit trainieren. D.h., wir lernen, uns während des Träumens der Tatsache bewusst zu sein, dass wir träumen. Aus schamanischer Sicht ist die Grundfrage nach dem Erwachen: »Wie viel Bewusstsein hatte ich während des Träumens?« Psychologen haben uns gelehrt zu fragen: »Was habe ich geträumt?« Danach erklären sie uns, was der Trauminhalt für uns als wache Persönlichkeit bedeutet. Carlos Castaneda ist einer der wenigen, die uns die schamanische Kunst des Träumens konsequent lehren, ohne immer wieder in Traumdeutung zu verfallen. Traumdeutung ist das psychologische Erklären der im Wachzustand erinnerten Traumfragmente. Castaneda selbst hat das Traumbewusstsein so weit gestärkt, dass er sich mit seinen Gefährten im Traum verabreden kann und sie gemeinsam neue Wirklichkeiten erträumen können. Don Juan, sein Lehrer, hat ihm am Anfang seines Trainings des Traumbewusstseins folgende Übung auferlegt: »Heute nacht mußt du im Traum deine Hände ansehen« (Castaneda 1957, S. 101). Eine lapidare Übung, die ich selbst jahrelang jede Nacht durchzuführen versuchte, um am Morgen immer resignierter festzustellen, dass es schon wieder nicht geklappt hat. Dennoch haben sich vermehrt so genannte luzide Träume eingestellt, Träume, in denen ich fliegen konnte und wusste, dass ich träume. Dabei erhob ich mich mit einer speziellen Hüpftechnik zum Fliegen. Als ich begann, mir jede Nacht beim Einschlafen zu wünschen, während des Träumens meine Füße zu spüren und zu hüpfen, träumte ich regelmäßig luzid. Seither habe ich Techniken erlernt, aus dem Wachbewusstsein ohne Bewusstseinsverlust ins luzide Träumen hinüberzugleiten.

Für Castaneda gliedert sich das Traumbewusstsein in verschiedene Pforten der Aufmerksamkeit. Luzid träumen ist nur die erste Pforte. Er lässt Don Juan erklären:

»Wir müssen unsere Traum-Aufmerksamkeit systematisch trainieren, denn sie ist die Pforte zur zweiten Aufmerksamkeit. [...] Die zweite Aufmerksamkeit ist wie ein Ozean, und die Traum-Aufmerksamkeit ist wie ein Fluß, der in diesen mündet. Die zweite Aufmerksamkeit ist ein Zustand der Bewußtheit ganzer Welten, genauso absolut wie deine Welt absolut ist, während die Traum-Aufmerksamkeit ein Zustand ist, in dem uns die Gegenstände unserer Träume bewußt werden« (Castaneda 1994, S. 39f.). Die zweite Aufmerksamkeit ist die Voraussetzung dafür, dass der Schamane andere Wirklichkeiten wahrnimmt und dort Verbündete findet, die ihm zu Kraft und Wissen verhelfen können.

Der tibetische Weg des Träumens verfolgt noch konsequenter das Ziel des Trainings der Aufmerksamkeit. Gemeint ist das Bewusstsein, dass jede Art von Wirklichkeit letztlich einem Traum entspringt und die Erleuchtung nur aus einem Zustand traumlosen Bewusstseins erfolgen kann. Von Namkhai Norbu habe ich die »Übung des natürlichen Lichts« gelernt (Namkhai Norbu 1994). Mit Hilfe dieser Übung kann man ohne Abreißen des Bewusstseins vom Wachen ins Träumen hinübergleiten. Man erreicht die so genannte Bewusstseinskontinuität, indem man mit einem Bild vor dem inneren Auge aus dem Wachen ins Träumen wechselt, während der Körper einschläft.

Das Ziel der Schamanen ist aber nicht die Erleuchtung: Einschlafen-Träumen-Erwachen sind die Stationen der nächtlichen Seelenreise zu den Quellen der Lebenskraft. Die Traumreise ist eine Heilreise. Der Schamane kehrt für die Dauer seiner Träume in die Alleinheit mit dem Universum zurück. Er berührt die ursprüngliche Harmonie mit dem großen Ganzen. Gehen wir kurz durch die einzelnen Stationen der Traumreise, um besser zu verstehen, welchen Weg unser Bewusstsein dabei geht. Wir beginnen am Ende der Reise, bei der Rückkehr ins Wachen, hier können wir am ehesten einige Erfahrungen während des Träumens erhaschen.

ERWACHEN

Die meisten Menschen lassen sich am Morgen durch einen Wecker aus dem Schlaf und den Träumen holen. Ein erbärmliches elektronisches Piepsen beendet abrupt eines der größten Geheimnisse der Menschheit: Aus der Finsternis des traumlosen Schlafes erwacht das Bewusstsein. Wir nehmen unseren Körper wieder wahr, die vertraute Alltagswirklichkeit, vielleicht den Partner im Bett nebenan, die Musterungen an der Schlafzimmerdiele, die von außen eindringenden Geräusche. Der innere Dialog hat wieder eingesetzt, das Wissen und die Geschichte des ganzen Lebens ist wieder abrufbar. Wir sind mit allem, was uns als Mensch ausmacht, aus dem Nichts der Bewusstlosigkeit wieder aufgetaucht.

Diese Art des Erwachens ist uns derart selbstverständlich, wiederholt sich mit großer Zuverlässigkeit jeden Morgen, dass wir darin nichts Ungewöhnliches finden können, schon gar kein Geheimnis. Denn wir nehmen an, dass wir auch während des Schlafens in unserem Körper anwesend sind, nur bewusstlos. Bei genauerem Hinsehen erwachen wir zum erwachten Erwachsenen aus einem Traumzustand, wie wir ihn vielleicht schon in der Gebärmutter und der frühen Säuglingszeit erlebt haben. Gleichzeitig rasen wir durch die Bewusstseins-Geschichte der Menschheit vom ersten Erwachen des Bewusstseins in archaischer Vorzeit bis zum selbstbewussten Menschen der heutigen Hochzivilisation. Auf diesem Weg nehmen wir unsere Vorurteile und Konflikte mit und wir holen unsere Leiden ab, die während des Schlafens nicht da waren.

Während des Erwachens durchleben wir alle Stufen der Bewusstseinsentwicklung vom bewusstlos scheinenden Tiefschlaf zum Träumen und von da zum Wachsein. Wir durchwandern in extremem Zeitraffer die ganze Entwicklungsgeschichte unseres Bewusstseins und unsere eigene Lebensgeschichte. Angesichts dieser Erkenntnisse müssten wir uns zum Erwachen ebenso viel Zeit nehmen wie zum Einschlafen. Stattdessen verkürzen wir sie mit unseren Weckmaschinen auf den Augenblick eines Schockes. Da ist es nur verständlich, dass von unseren Bewusstseinsreisen höchstens noch einige Traumfetzen hängen bleiben.

EINSCHLAFEN

Beim Einschlafen – dem Anfang der Traumreise – gleiten wir durch tausend Epochen der Menschheitsgeschichte, tauchen ab auf die Stufe des archaischen Bewusstseins unserer Urahnen, wir kehren zurück zu den Uranfängen. Auch wenn unsere Traumfragmente inhaltlich von heutigen Themen handeln.

Farbige Bettlaken und modische Pyjamas ändern nichts daran, dass Schlafen und Träumen »unzivilisiert«, archaisch ablaufen. Wir regredieren auf die unterste Stufe des Menschseins. Vielleicht wollen wir darum nichts davon wissen. Doch schlafen wir anders als unsere archaischen Vorfahren? Kaum, wir geben Töne von uns wie ehedem, wir stinken wie ehedem. Wir kehren zurück ins ursprüngliche Einsein mit der Natur, wir werden zu biologischen Wesen, die dem Seinszustand von Tieren und Pflanzen sehr nahe sind. Wir tauchen ab ins Dunkel der Menschheitsgeschichte. Ich glaube, im Schlaf unterscheiden wir uns kaum von den Steinzeitmenschen.

Wenn wir schlafen, schläft vor allem unser Bewusstsein. Wir scheinen bewusstlos. Wir kehren in jene vorbewusste Erlebensweise der Zeit in der Gebärmutter wie auch in die archaische Frühzeit des menschlichen Bewusstseins zurück. Schlafend und träumend regredieren in den Urzustand des Lebens, dort wo die Bewusstseinsentwicklung startete. Wir kehren in die Unverbundenheit zurück, wie wir sie seinerzeit in der Gebärmutter erlebt haben. Wir schwingen uns ein in die ursprünglichen Rhythmen der Lebenskräfte, wir schwimmen im Urmeer der Kräft, aus dem sofort Traumfiguren auftauchen, sobald nur ein Funke Bewusstseinskraft leuchtet. Einziges Zeugnis dieser Begegnungen mit der *Kraft* ist die Erholung, die Stärkung, die wir aus dem Schlaf zurückbringen.

Aus der naturwissenschaftlichen Schlafforschung ist bekannt, dass das Schlafen in Phasen verläuft. Nach einer Phase des Tiefschlafes am Anfang der Nacht holt das Bewusstsein drei- bis viermal Anlauf, um sich im Laufe von Stunden auf die Ebene des Wachseins hochzuschwingen. In all den Phasen träumt man.

TRÄUMEN

Sigmund Freud, der Vater der Traumdeutung, hat eindrücklich nachgewiesen, dass wir immer wieder Themen aus der ersten Lebenszeit träumen. Dies bestätigt meine These, dass wir im Träumen auf einen frühen Bewusstseinszustand regredieren. Allerdings besteht ein wesentlicher Unterschied zu Freuds Ansicht über das Träumen. Freud ist ja nicht nur der Vater der Traumdeutung, er ist auch der »Vater« des Unbewussten. Er hat das ganze Universum in unser Inneres hineingeholt. Aus schamanischer Sicht aber bin ich im Traumzustand als einem archaischen Erlebenszustand mit dem Universum verbunden. Im Traumzustand ist jede Trennung in eine Innen- und eine Außenwelt aufgehoben.

Einen weiteren Hinweis dafür, dass wir eins werden mit dem Universum, findet sich in den von C.G. Jung genannten großen oder archetypischen Träumen. Hier begegnen wir den archaischen Herausforderungen im Kampf um das nackte Überleben, wir inszenieren die Mythen der Menschheit, wir schweben in transzendenter Enthobenheit.

Während des Träumens sind wir inhaltlich hauptsächlich mit Wacherlebnissen – Tagesresten, wie Freud sie nannte –, aber auch Erinnerungen aus unserer ganzen Lebensgeschichte beschäftigt. Doch schamanische Traumarbeit befasst sich nicht hauptsächlich mit den Inhalten, sondern mit der Art und Weise des Träumens: »Wie erträumt das Bewusstsein die *Kraft*?« ist die Frage. Wahrscheinlich funktioniert das träumende Bewusstsein wie zur Zeit im Uterus der Mutter und in der frühen Säuglingszeit, respektive wie es bei unseren Urahnen funktioniert hat –, als Wachen und Träumen noch kaum voneinander getrennt waren. Bei den australischen Aborigines wird diese Zeit Traumzeit genannt.

Träumend finden wir uns in stets wandelnden Wirklichkeiten, bringen immer neue hervor, sind bald da, bald dort, fliegen durch alle Zeitepochen. Wir werden eins mit der geträumten Welt, wir können uns verwandeln und verdoppeln, mit Tieren und Pflanzen reden, selbst zu Tieren und Pflanzen werden, wir stoßen weder an Zeit- noch an Raumgrenzen. Wir können überall sein, durch die Lüfte fliegen, tief im Meer tauchen, im Feuer verbrennen und wieder geboren werden. Wir können unserer Urangst begegnen, gegen Monster und Giganten kämpfen, tausend Tode sterben, immer neu geboren werden, uns liebend vereinigen, in Leidenschaft hingeben, auflösen. Meist treffen wir lauter Unbekannte an, auf die genau die Beschreibung von Geistern zutrifft: Sie tauchen aus dem Nichts auf, lösen sich in nichts auf, ohne ein Geräusch zu verursachen. Sie verfügen über magische Fähigkeiten. Manchmal gleichen sie auch im Aussehen den Geistern und erschrecken uns.

Was bleibt von der nächtlichen Ekstase nach dem Erwachen? Am Morgen hängen vielleicht ein paar nebulöse Bildfetzen in unserem Bewusstsein, vage Ahnungen, dumpfe Gefühle, die wir nach wenigen Augenblicken aus dem Bewusstsein verscheucht haben. Die deutlich erinnerten Träume sind meist mehr oder weniger skurrile Fortsetzungen von Wacherlebnissen der Vortage. Wir lassen uns acht- und bewusstlos in den Schlaf sinken, liefern uns unseren Träumen aus und katapultieren uns per Wecksirene wieder in die wache Alltagswirklichkeit zurück.

Die Rückkehr in das Bewusstsein der Urahnen ist das Ziel der Reise der Schamanen. Sie besteht aus denselben drei Elementen wie die Traumreise. Einschlafen und traumloser Schlaf entsprechen der Bewusstseinsveränderung und dem Durchgang durch den schamanischen Tunnel, Träumen ist der Aufenthalt bei den Verbündeten in der Nichtalltäglichen Wirklichkeit, Erwachen ist die Rückkehr von der Reise. Nochmals der fundamentale Unterschied: Schamanen reisen mit einer klaren Absicht. (Im Anhang sind die Gemeinsamkeiten und Unterschiede tabellarisch zusammengestellt.)

3. PFAD: ETHNO-SCHAMANISMUS SCHAMANISMUS DER WISSENSCHAFTLER

Kehren wir nach Garmisch-Partenkirchen zurück zu dem eingangs erwähnten Schamanismus-Kongress. Eine einmalige Gelegenheit, so viele Schamanen und Schamaninnen der unterschiedlichsten Traditionen unter einem Dach versammelt zu sehen. Im Verlauf einer Woche präsentieren einige westliche Schamanismus-Experten

»ihren Schamanen« oder »ihre Schamanin« in Vorträgen und Workshops. Amélie Schenk stellt den mongolischen Schamanen Zeren Baawai vor. Sie hat über ihn das Buch geschrieben »Herr des schwarzen Himmels« (Amélie Schenk 2000). Baawai hat das Blutritual im Park begleitet. Dabei soll übrigens nicht nur der »Unfall« mit dem Hund passiert sein, sondern es soll auch zur Spontanheilung eines Knieleidens gekommen sein. Dies berichtete jedenfalls Wolf Dieter Storl, ein Kenner der Cheyenne-Indianer, der George Elkshoulder nach Garmisch brachte, einen in Amerika weit über seinen Stamm hinaus bekannten Medizinmann. Der deutsche Arzt Andreas Reimers stellte gleich drei Schamanen aus Nepal vor, Mohan, Rai, Indra Gurung, und seine persönliche Lehrerin Maile Lama. Paul Uccusic hat die drei Schamanen Sarygar Borbak-Ool, Nikolai Oorzhak und Nina Dowuu sowie den Schamanismus-Professor Mongush Kenin-Lopsan aus Tuva, Sibirien, eingeladen. Um nur eine Auswahl der Mitwirkenden zu nennen.

Die Gestaltung dieses Schamanentreffens verweist auf eine immanente Schamanismus-Definition. Zugespitzt formuliert heißt sie: Schamanismus ist das, was »mein Schamane«, »meine Schamanin« vorführt. Woher stammt diese Definition des Schamanismus? Ich möchte den Spuren dieses Zugangs zum Schamanismus folgen, statt meine eigenen Erlebnisse mit den tuvinischen Schamanen zu erzählen, mit denen ich während dreier Expeditionen in ihrer Heimat in Südsibirien zusammenarbeiten durfte. (Einige dieser Erlebnisse habe ich in meinem ersten Buch beschrieben, siehe Zumstein 1999.)

Seit Jahrhunderten sind immer wieder Eroberer und Feldherren und die sie begleitenden Missionare zu den Naturvölkern vorgedrungen. In Amerika waren es nach der Entdeckung die Siedler, aber auch die Armeen der Zentralregierung. Als die verängstigten Soldaten nachts über die Palisadenzäune der in den indianischen Westen vorgeschobenen Forts spähten, erblickten sie wild ums Feuer tanzende Schamanen und glaubten, da werde der Teufel herbeigerufen. Ein Beispiel für diese Wahrnehmungsweise sind Pater François du Perrons Äußerungen über die Schamanen des nordamerikanischen Indianer-Stammes der Irokesen aus den dreißiger Jahren des 17. Jahrhunderts:

»Der Teufel gibt ihnen alle Handlungen ein. Sie sprechen mit ihm, wenn er ihnen in Gestalt einer Krähe, eines anderen Vogels, als Flamme oder Geist erscheint. Dies alles geschieht in Träumen, in denen sie ihm große Ehrerbietung erweisen« (zit. in Clottes und Lewis-Williams 1997, S. 11).

In der zweiten Hälfte des 19. Jahrhunderts reisten die ersten Ethnologen entlang des nördlichen Polarkreises durch die endlosen Steppen Sibiriens und besuchten Völker mit Namen wie Samojeden, Nganassanen, Chanten, Tschuktschen, Jakuten, Ewenken, Nanai. Sie suchten die Schamanen dort, wo sie noch als Nomaden mit ihrer Sippe und Familie durch die weiten Steppen Nordsibiriens zogen, den Weideplätzen der Rentiere und dem Wasser folgend. Offenbar waren die Forscher davon überzeugt, dass dort die Wiege des Schamanismus zu finden sei. Viele meinen denn auch, die ethymologische Wurzel des Wortes Schamane in der Sprache der Tungusen zu finden mit der Bedeutung von »sich erhitzen, um sich schlagen, aus der Fassung sein, verzückt sein«. Dies spielt auf die wilden Tänze der Schamanen an, in denen sie sich in einen veränderten Bewusstseinszustand versetzen.

Die Ethno- und Anthropologen gelten als die Experten in Sachen Schamanismus. Sie prägen unser Bild des Schamanismus. Wer sich über Schamanismus informieren will, liest einen ihrer Berichte, von denen es inzwischen hunderte gibt. Die Geschichten vom Werden, Wirken und Sterben der alten Schamanen und Schamaninnen in Sibirien, Amerika und Australien muten oft an wie Souvenir-Sammlungen aus fernen Zeiten, verpackt in Interpretationen im Stil moderner Psychologie. Andere Bücher lesen sich wie Abenteuerromane.

Heute berichten immer mehr interessierte Laien über ihre Erfahrungen bei den Schamanen, die angeblich immer auf mysteriöse Weise zustande kommen. In ihrem Bestseller »Traumfänger« etwa erzählt Marlo Morgan von einer Amerikanerin, die eigentlich zur Ehrung ihrer Arbeit mit jugendlichen Ureinwohnern nach Australien eingeladen wird, dann aber angeblich vom Aborigines-Stamm der »Wahren Menschen« zu einem dreimonatigen »Walkabout« entführt wird, nachdem die Eingeborenen Kleider, Schmuck und Ausweispapiere der überlisteten Frau dem Feuer geopfert haben (Marlo Morgan 1998). Das klingt wie eine Steigerung von Castanedas unfreiwilligem Eingenommen-Werden vom Schamanen Don Juan. Dennoch erweckt Morgans Bestseller den Eindruck einer ethnologischen Sammlung von Lebensweisen, Ritualen und Wissen der Aborigines, verpackt in eine spannende Erzählung. Seit Harner und Castaneda gilt: Schamanismus kann nur am eigenen Leibe erfahren werden. Nur bis zu einem gewissen Punkt kann man darüber reden oder schreiben. Das alte Wissen wurde auch bei den nativen Schamanen durch Jahrtausende hindurch über leibhaftige Erfahrung von Lehrer zu Schüler, von der Mutter zur Tochter oder zum Sohn weitergegeben.

Für Sachverständige und Laien scheint es längst selbstverständlich zu sein: Schamanismus lernt man bei indigenen Schamanen. Feldforscher wie Amélie Schenk, Wolf Dieter Storl, aber auch Christian Rätsch verbringen oft Monate bis Jahre bei den Schamanen eines bestimmten Volkes und werden nicht selten Schüler eines mächtigen Schamanen. So ist z.B. der amerikanische Anthropologie-Professor Larry G. Peters gleichzeitig initiierter Schamane der Tamang in Nepal. Ihre Bücher sind oft Fallstudien über eine Schamanenpersönlichkeit oder die Tradition eines Volkes, einer so genannten Ethnie.

Ich nenne dieses an eine bestimmte Tradition gebundene Schamanismus-Verständnis *Ethno-Schamanismus*. Feldforschung oder eben Felderfahrung bei einem Naturvolk ist die häufigste Art der Beschäftigung mit dem Schamanismus. Bei westlichen Lesern befriedigen die Forschungsberichte gleichermaßen Reise- und Abenteuerlust, wie sie auch das Gefühl vermitteln, zu den Ursprüngen des Schamanismus und gar des eigenen Daseins vorgestoßen zu sein. Ich kenne eine ganze Reihe

Westeuropäer jeden Alters und jeder Herkunft, die indianische Rituale und Zeremonien praktizieren, ihr Leben auf das Medizinrad oder keltische Lebensregeln ausrichten. Sie besuchen Workshops bei eingeflogenen Nachfahren indigener Völker über Rituale und Zeremonien der jeweiligen Stammestradition, wobei es sich nicht immer um Schamanismus im eigentlichen Sinne handelt. Oder sie verbringen ihre Ferien bei einem Schamanen in einem Indianer-Reservat.

Immer mehr »ausgebildete« oder initiierte Westler bieten Seminare und mehrjährige Ausbildungen in Ethno-Schamanismus an – oft ohne sich Gedanken über den Kulturraub zu machen oder die Übertragbarkeit dieses fremden Wissens in unsere westliche Bewusstseinstradition. Aus meiner Sicht grenzt es an kolonialistische Ignoranz, das traditionelle Wissen der alten Völker bei uns zu importieren und ihre Praktiken für den Wochenendgebrauch zu kopieren. Die Naturvölker entwickelten eine hoch stehende Kultur des Lebens in Verbundenheit mit der Natur, wir aber sind vom Lehmhüttenleben Jahrtausende entfernt und Corn Flakes sind keine Maisfladen.

Wer sich von einem indigenen Schamanen in den Schamanismus einführen lässt, ist immer ein Quereinsteiger. Er bricht für eine kurze Zeit aus der zivilisierten Lebensweise aus, ohne sie wirklich abzulegen. In unserer Zivilisation fehlen die schamanische Tradition und die schamanische Lebensgemeinschaft.

DIE ETHNOLOGEN UND IHRE SCHAMANISMUS-DEFINITIONEN

Für viele Anthropologen und Ethnologen scheint die ethnologische Annäherung an den Schamanismus die einzig mögliche und Ethno-Schamanismus der einzig wahre Schamanismus. Auf dem Hintergrund ihrer Definition – Schamanismus ist, was Schamanen und Schamaninnen tun, wie sie es tun und womit sie es tun – protokollieren sie alle Rituale und Zeremonien und sammeln alles, was ihnen unter die Finger kommt: Schamanengewänder, Kraftobjekte, so genannte Parafernalien, Lieder, Epen, Schöpfungsmythen und natürlich Geschichten über die noch älteren und noch mächtigeren Schamanen und Schamaninnen.

Mihál Hoppál ist einer dieser Sammler, gleichzeitig anerkannter Schamanismus-Erforscher und Präsident der *International Society for Shamanic Research*. In seinem Buch »Schamanen und Schamanismus« hat er eine schöne Übersichtskarte zusammengestellt zum Thema »Eurasische Schamanentrommelarten und Ethnien«. Dazu schreibt er: »Die Herkunftsorte der Schamanentrommelarten spiegeln genau den Lebensraum der betreffenden Volksgruppe wider« (Hoppál 1994, S.56f.). Der Amerikaner John Bierhorst zeigt in seinem Buch »Die Mythologie der Indianer Nordamerikas« (Bierhorst 1993) eine Übersichtskarte zur Verbreitung der verschiedenen Mythen. Und weil die Schamanen traditionsgemäß die Hüter und Verkünder der Mythen sind – vor allem der Schöpfungsmythen, die ihnen die Geister auf den Jenseitsreisen offenbart hatten –, handelt dieses Buch auch von den unterschiedlichen schamanischen Weltbildern, vom Geheimnis der weißen Büffelfrau, vom Bärenmädchen und vom berühmten Erdtaucher oder vom Trickster, der das Feuer stahl.

Die alten Ethnologen haben die Schamanen noch ganz aus dem Blickwinkel ihres »Zivilisierten-Bewusstseins« erforscht und ihr Sammelgut ausgewertet. Hier bot sich vor allem das Denkraster der Religion und der Psychologie an. Dabei schnitten die Schamanen bis in die jüngste Zeit schlecht ab. Sie erschienen als primitive oder verrückte Unzivilisierte oder zumindest als Scharlatane. Åke Oholmarks, der die Völker Sibiriens erforscht hat, diagnostizierte 1939 Schamanismus als »arktische Hysterie«, zurückzuführen auf die eisige Kälte, die lange Dunkelheit und die Einsamkeit in der Arktis. Er unterschied sogar zwischen einem südlichen und einem nordischen Typ dieser Krankheit. Andernorts glaubte man, alle Schamanen litten an Epilepsie – aufgrund ihrer Schüttelkrämpfe während der Trance. Auch Wahn und Psychose werden mit Schamanismus in Verbindung gebracht. Solche Vorurteile schwingen wahrscheinlich bis heute in der Wertung des Schamanismus mit. Hier Mihály Hoppáls Beschreibung des Schamanismus aus dem Jahr 1994:

>>Als Schamanismus bezeichnen wir das uralte religiöse Glaubenssystem der Bewohner Sibiriens und Innerasiens. Zentrale Gestalt dieses Systems ist der Schamane, der symbolisch zwischen der Welt der Menschen und einer gedachten Welt der Geister oder Seelen vermittelt. Manche Definitionen geben als wichtigstes Merkmal des eurasischen Schamanen an, daß er imstande ist, bewußt eine Ekstase auszulösen, die ihn in einen veränderten Bewußtseinszustand versetzt; ...<<

(Hoppál 1994, S. 11)

Hoppál ortet Schamanismus nicht nur als Religion der Bewohner Sibiriens. Der Ethnologe analysiert ihn vor dem Hintergrund seiner Psychologie-Kenntnisse und schließt, dass sich der Schamane die Nichtalltägliche Wirklichkeit nur denkt (einbildet?) und nur symbolisch zwischen den Welten vermittelt. Für Hoppál ist Schamanismus ein religiöses und psychologisches Phänomen, dessen Wurzeln in Sibirien zu finden sind. Dabei taucht sofort die Frage auf, wie er sich vor über 40 000 Jahren bis nach Australien ausbreiten konnte. So weit zurück reichen die Wurzeln des Schamanismus. Übrigens unterschlägt Hoppál in seiner Definition eine der wichtigsten Aufgaben des Schamanen: das Heilen.

DER SCHAMANE ALS HEILER

Åke Hultkrantz, schwedischer Professor für vergleichende Religionswissenschaften, der über 40 Jahre lang die amerikanischen Eingeborenenkulturen erforscht hat, stellt in seinem Buch >>Schamanische Heilkunst und rituelles Drama der Indianer Nordamerikas<< (Hultkrantz 1994) die traditionelle Medizin der Indianerstämme Amerikas zusammen. In diesem eindrücklichen Werk wird nicht nur klar, dass nicht jeder Kräuterkundige oder

Medizinmann ein Schamane ist. Es gewährt auch Einblick in die Gemeinsamkeiten und Unterschiede der Krankheits- und Gesundheitsvorstellungen der verschiedenen Indianerstämme, deren Heilungsmethoden und Rituale. Hultkrantz zeigt auf, dass bei allen Verschiedenheiten eine gemeinsame schamanische Weltsicht die Ureinwohner Amerikas verbindet. Er formuliert dies folgendermaßen:

> »Die allgemeine Regel ist[...], dass jede Krankheit ihre Wurzel in einer gestörten Beziehung zum Übersinnlichen hat[...]- Der Mensch ist gesund geschaffen, und daher ist Gesundheit ein Zeichen für Harmonie und Gleichgewicht zwischen der Welt des Menschen und der Welt des Übersinnlichen.«   (Hultkrantz 1994, S. 19 ff.)

Hier wird ein Gesundheits- und Krankheitsverständnis beschrieben, wie es typisch ist für die Schamanen überall auf der Welt. Die Welt des Menschen und des Übersinnlichen entsprechen der *Alltäglichen* und *Nichtalltäglichen Wirklichkeit*, die zusammen die Einheit des Universums bilden. Gesundheit ist ein Sein in Harmonie und Übereinstimmung mit der Natur, dem Universum, dem großen Ganzen. So ist der Mensch geboren. Ist ein Mensch krank, reist der Schamane in die *Nichtalltägliche Wirklichkeit*, um von seinen Verbündeten zu erfahren, wo der Kranke nicht mehr in Übereinstimmung mit den Gesetzen und Rhythmen der universellen Lebenskraft lebt. So gesehen stimmt es, dass die Krankheit ihre Wurzeln in einer gestörten Beziehung zum Übersinnlichen hat.

Gesundheit ist nicht Privatsache des Einzelnen, sondern harmonisches Zusammenwirken von Gemeinschaft, Umwelt und Universum. Darum wird bei der Heilung eines Kranken immer in Erfahrung gebracht, wo und wie er die Stammes-Tabus verletzt hat. Tabus sind Verhaltensnormen, welche die Stammes-Angehörigen davor schützen, die Harmonie des Zusammenlebens der Gemeinschaft, der Natur und die Gesetze der Geister- und Ahnenwelt zu verletzen. (In dem Kapitel über das Ritual »Das bebende Zelt« werden wir sehen, wie in

Anwesenheit der ganzen Gemeinschaft eine durch einen Kranken verursachte oder signalisierte Disharmonie geheilt wird.)

MIRCEA ELIADES SCHAMANISMUS-FORMEL

Die wohl bekannteste Zusammenschau des von den Feldforschern gesammelten Wissens über den Schamanismus hat Mircea Eliade in seinem Buch »Schamanismus und archaische Ekstasetechnik« vorgelegt. Das Werk erschien 1951 in französischer und 1956 erstmals in deutscher Sprache. Seither ist Mircea Eliade *die* Autorität in Sachen Schamanismus. Wiederum ist es ein Religionswissenschaftler, der das von den Feldforschern vom Ural bis China gesammelte Material in einen Sinnzusammenhang stellt. Eliade verdichtet es zur Formel:

»Schamanismus = *Technik der Ekstase*.«

Demnach ist für ihn der Schamane »der große Meister der Ekstase« (Eliade 1956, S. 14). Eliade stellt die Ekstase ins Zentrum des Schamanismus. Damit ortet Eliade Schamanismus zwar weiterhin im Umfeld der Religion. Ekstase ist ein Zustand des Außersich-Seins, in dem christliche Mystiker ihre Gotteserfahrung hatten. Heute ist klar, dass Ekstase eine Form der Trance ist, d.h. eine Bewusstseinsveränderung. Inzwischen sind auch viele Techniken der Trance-Induktion bekannt. Eliade hat mit seiner Definition den Weg bereitet zu einer völlig neuen Sichtweise des Schamanismus. Darum berufen sich alle moderneren Schamanismusforscher auf ihn.

Seit Eliade ist die Bewusstseinsveränderung das kennzeichnende Charakteristikum des Schamanen – wenn auch nicht das einzige. Gemäß Eliade »... ist der Schamane, und nur er, der große Meister der Ekstase«. Er grenzt ihn ab von Opferpriestern, Medizinmännern, Mystikern: »Man kann daher nicht einen jeden Ekstatiker als Schamanen betrachten; der Schamane ist der Spezialist einer Trance, in der seine Seele den Körper zu Himmel-

und Unterweltreisen verlässt.« Über das dritte Kennzeichen eines Schamanen – die Beziehung zu den Geistern – sagt Eliade: »... er meistert seine ›Geister‹, in dem Sinne, dass er als menschliches Wesen eine Verbindung mit den Toten, den ›Dämonen‹ und den ›Naturgeistern‹ zustande bringt, ohne sich dazu in ihr Instrument verwandeln zu müssen« (Eliade 1956). Das »Meistern der Geister« wird von jenen westlichen »Neoschamanen« außer Acht gelassen, die vehement darauf beharren, Botschaften durch »Channelling«, d.h. durch Eingebung von den spirituellen Verbündeten empfangen zu haben, die in krassem Gegensatz zu unserer Alltagswirklichkeit stehen.

Für mich sind Eliades drei Merkmale eines Schamanen bis heute verbindlich. Nur sagen wir heute, der Schamane sei ein Meister der Trance oder der gezielten Bewusstseinsveränderung. Sie ist die Voraussetzung dafür, dass der Schamane in andere Wirklichkeiten reisen kann. Der Schamane reist in die Nichtalltägliche Wirklichkeit, um bei seinen jenseitigen Verbündeten Kraft und Wissen zum Heilen zu finden. Damit kehrt er in die Alltagswirklichkeit zurück. Mit Eliades Hilfe lässt sich Schamanismus neu definieren, fernab aller Zuordnungen zu Religion oder Geisteskrankheit, aber auch unabhängig von einer bestimmten schamanischen Tradition. Paul Uccusic, Direktor der *Foundation for Shamanic Studies*, Europa, und unermüdlicher Förderer eines wirklichkeitsnahen Schamanismus, schreibt in seiner Zeitschrift »Schamanismus«:

> »Schamanismus ist die älteste Methode, das Bewusstsein für Heilzwecke und Problemlösung einzusetzen.«

Das ist Schamanismus in seinem Kern. Eliade hilft uns, noch einen wichtigen Schritt weiterzugehen. Gegen Ende seines Buches zieht er eine Schlussfolgerung, die auch dem Menschen unseres Kulturkreises das Tor zur Erfahrung der Schamanenkraft öffnet. In der Sprache seiner Zeit schreibt Eliade:

»Wir haben das ekstatische Erlebnis als ›Urphänomen‹ betitelt, weil wir keinen Grund sehen, es als das Produkt eines bestimmten geschichtlichen Moments, einer bestimmten Zivilisationsform zu betrachten. Wir neigen vielmehr dazu, es als ein Konstitutivum der menschlichen Verfassung zu betrachten und damit als der gesamten archaischen Menschheit bekannt, und nur seine Interpretation und seine Wertung hätte sich mit den verschiedenen Kultur- und Religionsformen gewandelt.«
(Eliade 1956)

Hier sagt Eliade, dass Ekstase nicht nur das zentrale Element des Schamanismus ist, sondern zum menschlichen Dasein gehört. Jeder kann außer sich sein! Steckt also in uns allen ein Schamane? Natürlich gibt es viele Bücher, die den Leser dazu anleiten wollen, den Schamanen in sich zu entdecken. »Der Schamane in uns« ist der Titel des Buches von Paul Uccusic und im Untertitel umschreibt er »Schamanismus als neue Selbsterfahrung, Hilfe und Heilung«. Damit könnte man meinen, Uccusic sei in die Psychologie-Falle getreten und denke über Schamanismus wie Hoppál. Dem ist nicht so. Sein Buch ist eine überzeugende Darstellung der Entstehung, Entwicklung des Schamanismus, seiner Hintergründe und Zusammenhänge mit unseren Traditionen; vor allem zeigt er, wie Schamanismus heute praktiziert werden kann. Doch steckt in uns ein Schamane? Ist Schamanismus eine Form des innerseelischen Erlebens? Trete ich zu meinem Schamanen auf die gleiche Art in Kontakt wie zum inneren Kind?

EXKURS ÜBER EKSTASE

Will man die volle Tragweite von Eliades neuer Schamanismus-Definition verstehen, empfiehlt es sich, das Phänomen Ekstase genauer zu betrachten. Ekstase heißt gemäß »Encarta, Enzyklopädie des Wissens«: Außer-sich-Sein, Trance, Rausch, übermäßiges Entzücken, Entrücktheit. Und genau diese Entrücktheit war der christlichen Kirche immer ein Dorn im Auge. Sie hat ihre eigenen

Mystiker geächtet. Diese hatten gelernt, durch ausdauerndes Beten und Fasten – ausgerechnet zwei christliche Tugenden – die engen Grenzen des Ich zu sprengen und in Visionen mit Gott selbst in Kontakt zu treten. Damit haben die Mystiker den Anspruch der Kirche untergraben, einzig legitimierte Verkünderin von Gottes Wahrheit zu sein. Ein Gedicht der christlichen Ekstatikerin Theresa von Avila gibt diese mystische Vereinigung mit Gott, die »unio mystica«, wunderbar wieder:

> Gott spricht:
> O Seele, suche dich in Mir
> Und Seele, suche Mich in Dir.
> (Zit. in Hofman 1991, S. 12)

In der Ekstase werden Gott und die Seele eins, beide finden sich ineinander. Aus christlicher Sicht wurde dies meistens als Häresie gewertet. Inzwischen hat eine gewaltige Säkularisierung die Macht der Kirche gebrochen. Die Psychologie hat vielfach bestätigt, dass der Mensch zur gezielten Veränderung seines Bewusstseins fähig ist. Und seit den Berichten über die Drogenerfahrungen der »Flower Power«-Generation, Ende der sechziger Jahre des letzten Jahrhunderts, ist es zum Allgemeingut geworden, dass wir in veränderten Bewusstseinszuständen andere Wirklichkeiten erleben. Für viele zivilisationsgeplagte Menschen sind jene anderen Welten zum Zufluchtsort geworden.

Bewusstsein und Wirklichkeit sind eine Einheit, gleichsam die zwei Seiten einer Münze. Die erlebte Wirklichkeit ist der Spiegel des jeweiligen Bewusstseins, das gilt übrigens auch für unsere Alltagswirklichkeit. Alle haben das Bedürfnis, dieser zeitweise zu entfliehen. Der Theologieprofessor Alan W. Watts, ein profunder Kenner des Zen-Buddhismus, der mit seinen Büchern westlichen Lesern das religiöse Denken des Ostens zugänglich gemacht hat, schreibt:

> »In den 60er Jahren dieses Jahrhunderts kam man
> mehr und mehr zur Erkenntnis, dass die Ekstase ein
> legitimes menschliches Grundbedürfnis ist und eine

ebenso wichtige Rolle für die Gesundheit von Leib und Seele spielt wie richtige Ernährung, Ruhe und Erholung.« (Zit. in Hofman 1991, S. 12)

Eliades Urphänomen wird bei Watts zum menschlichen Grundbedürfnis. Im Osten steht allen Menschen der Weg offen, durch Yogapraktiken und Meditation zur Gotteserfahrung, d.h. Buddha-Erfahrung, zu gelangen und letztlich zur Erleuchtung. Während in der Meditation nach einem höheren Bewusstsein gestrebt wird, steigt der Schamane gleichsam hinab in die Vereinigung mit der Natur und ihren Wesen, um so eins zu werden mit dem Universum. Vereinfacht ausgedrückt, steigt der Meditierende zu höherem Bewusstsein auf, der Schamane träumt sich zurück in die ursprüngliche Vereinigung mit der Erde. Letztlich aber begegnen beide der *Kraft*.

EINTAUCHEN IN DEN OZEAN DER *KRAFT*

Dass wir trotz 10 000 Jahren Zivilisation Zugang zum Wissen der Schamanen haben, wird inzwischen von der transpersonalen Psychologie bestätigt, aber auch von jenem Zweig der Psychologie, die sich mit veränderten Bewusstseinszuständen befasst. Stanislav Grof hat gezeigt, dass wir bei kontrollierter Einnahme von LSD, aber auch durch holotropes Atmen über unsere Ich-zentrierte Persönlichkeit hinausgehen und uns wieder in Einheit mit der Umgebung, ja mit dem ganzen Universum erleben. Diese »unio mystica« nennt der Schweizer Psychiater Christian Scharfetter »Ozeanische Selbstentgrenzung« (Dittrich, Scharfetter 1987). Scharfetter zeigt aber auch, dass der Zusammenbruch des Ich ungewollt passieren kann, als Teil eines Wandlungsprozesses, einer so genannten spirituellen Krise oder als Begleiterscheinung einer psychischen Krankheit.

Plötzlich tauchen in der Alltagswirklichkeit mythische und archaische Wesenheiten auf und lösen Panik aus. Es sind die gleichen Wesenheiten, deren Abbilder die Schamanen auf ihre Trommel malen, deren Figuren die Kirchenportale und Dachfriese bevölkern, wie sie auch durch Märchen und Mythen geistern. Mehrköpfige Drachen, bedrohliche Mischwesen aus Mensch und Tier, entstellte Fratzen, die Furcht erregend schreien, aber auch wundersame Pflanzenwesen, Spiralen, Kristalle, Gitternetze und schließlich kaleidoskopartig sich wandelnde Mandalas.

Schamanen, Meditierende, Mystiker, Drogenkonsumenten, Psychotiker, Menschen in tiefen Wandlungsprozessen – sie alle gehen über die Begrenzungen des Ich und der Alltagswirklichkeit hinaus und begegnen letztlich solchen Manifestationen der *Kraft*. Sie sind Verkörperungen der Angst, im Ozean der *Kraft* unterzugehen. Wenn das Ich sich auflöst, brechen zunächst unterdrückte Triebe und Affekte durch, rasende Wut, überschwängliche Freude, unbezähmbare Lust. Die Menschen fallen in frühere Lebensphasen zurück, bis zum Wiedererleben der eigenen Geburt, ja sogar früherer Leben. Geht die Selbstauflösung weiter, regredieren sie auf tierische und schließlich pflanzliche Daseinsformen, bis zur Auflösung in mineralische Strukturen der *Kraft* (siehe Grof 1990).

Unabhängig davon, ob die Selbst- und Wirklichkeitsentgrenzung durch Drogen, holotropes Atmen, schamanische Techniken oder durch eine Krankheit ausgelöst wird, immer tauchen dieselben Bilder, Gestalten, Formen auf. Es scheint, als ob alle letztlich in denselben Ozean der *Kraft* eintauchen. Die einen können schwimmen, die anderen ertrinken darin, wie die Psychotiker. In diesem Zusammenhang ist der Auszug aus einer schamanischen Reise von Ilona, einer jungen Frau, interessant, die immer wieder knapp vor dem Ertrinken von ihren Krafttieren gerettet wird. Wie schon oft sind die Krafttiere längst zurückgeblieben und sie lässt sich von fremden Stimmen zum Weitergehen verleiten:

»Eine Stimme sagt: ›Gehe hinaus in den Urwald.‹
Mir ist richtig übel. Alles dreht sich hier. Und Bäume, Bäume, nur Bäume. Ich kann aber keinen Baum greifen, weil sich alles dreht. Es ist entsetzlich. Der ganze Boden schwankt und diese bunten Tiere, Schmetterlin-

ge, kreisen um mich herum und es kreischt und es schrillt. Ich höre tausend Stimmen und verstehe kein Wort. Es dröhnt alles auf mich ein, es ist fürchterlich. Da merke ich, wie meine beiden Krafttiere am Rand stehen.«   (Tonbandaufzeichnung)

Die Krafttiere retten sie einmal mehr und bringen sie wieder auf einen gangbaren Weg. Ilona dürfte eigentlich keine schamanischen Reisen unternehmen. Sie ist zu wenig geerdet, ihr fehlt die schamanische Absicht. Auch der Schamane wagt sich weit vor, kämpft sich durch alle Wogen der *Kraft* hindurch und verbündet sich letztlich mit ihr, wird selbst zu *Kraft*. Er lässt sie aber nicht zu Reflexionen seiner Angst verkommen. Er ist beseelt von einer klaren Absicht: Er sucht Heilkraft für einen leidenden Menschen. Die *Kraft* kristallisiert in seinem Bewusstsein zu den Gestalten seiner vertrauten Verbündeten, Krafttiere und Ahnen. Er bindet sie ein in Rituale und Zeremonien, mit denen er in der Alltagswirklichkeit die *Kraft* an Leidende weitergibt. Das schamanische Ritual ist eine Inszenierung der *Kraft*. Dadurch wirkt es heilsam.

DIE ABSICHT

Eliade nannte den Schamanen »Meister der Ekstase«. Was macht den Schamanen zum Meister? Es sind nicht die albtraumhaften Erlebnisse im Trancezustand. Es ist seine *Absicht*. Neben dem Bewusstsein, das sich weit über sein Ich hinaus ausgedehnt hat in die Sphären der Nichtalltäglichen Wirklichkeit, hat er ein zweites Bewusstsein entwickelt. Mit diesem verfolgt er sein Ziel. Absicht ist jene Kraft, die ihn mit jeder Faser seines Wesens auf sein Ziel hin streben lässt.

In Trance der Alltagswirklichkeit entrückt zu sein, wie Ilona es beschreibt, ist nicht dasselbe, wie die schamanische Jenseitsreise. Die Schamanen und Schamaninnen geben vor der Reise ihr Ich auf und damit alle persönlichen Bedürfnisse, Ängste und Rücksichten. Auf Leben und Tod eins geworden mit ihrer Aufgabe, stoßen sie in die *Nichtalltägliche Wirklichkeit* vor, um bei ihren spirituellen Verbündeten Heilkraft und Wissen zu finden. Die Absicht befähigt sie auch, die Heilkraft zum Kranken in die Alltagswirklichkeit zu transportieren. Die schamanische Reise ist ein Tanz von Ekstase und Absicht.

Im schamanischen Bewusstseinszustand kehrt der Schamane in jenen ganz frühen Zustand des Einsseins mit dem Universum zurück, wie wir ihn in den Träumen erleben oder wie ihn die Neugeborenen erleben. In diesem Zustand sind wir eins mit allem, was ist. Ich nenne dies die *schamanische Bewusstseins-Regression*. Doch im Unterschied zum kindlichen und zum träumenden Bewusstsein kontrolliert und lenkt der Schamane mit einem wachen Teil des Bewusstseins die Ekstase, das Außer-sich-Sein. Mit einem Teil des Bewusstseins bleibt er wach und konzentriert. Das ist seine *Absicht*. Wir könnten das ekstatische Bewusstsein und die Absicht mit Erde und Mond vergleichen. Der Mond als Spiegel der wachen Sonne erhellt die Erde sanft, während sie sich träumend in die Finsternis der Nacht hinein auflöst. Der Mond am Nachthimmel steht wie ein waches Licht über der in Träume versunkenen Erde. Ähnlich wacht die Absicht, dieser konzentrierte Teil des Bewusstseins, über die Einhaltung des vorgenommenen Ziels.

Die schamanische Reise ist absichtsvolle Ekstase. Sie bringt den Schamanen in die *Nichtalltägliche Wirklichkeit.* Sie ist ein Erfahrungsraum, in dem der Schamane mit allem verbunden ist und alles miteinander verbunden wahrnimmt, jenseits von Zeit und Raum, von Unterscheidungen zwischen innen und außen, real und imaginär.

4. PFAD: CORE-SCHAMANISMUS

DER WISSENSCHAFTLER ALS SCHAMANE

Der amerikanische Anthropologieprofessor Michael Harner forschte bei den Schamanen und wie Carlos Castaneda wurde er unverhofft einem schamanischen Initiationserlebnis ausgesetzt. Nur war da kein Don Juan wie bei Castaneda, der ihm sagte, er sei ein fünfzackiger Nagual, d.h. ein geborener Anführer eines Zauberertrupps, und Harner ist nicht dabei stehen geblieben, uns über seine Lehrzeit bei den Schamanen zu berichten. Als Harner 1961 bei den Conibo-Indianern am oberen Amazonas forschte und sie immer wieder drängte, ihm Einblick in ihre geheimen Welten zu gewähren, forderten sie ihn auf, selbst *natemä*, den heiligen Schamanentrunk aus *ayahuasca*, zu nehmen, einer halluzinogen wirkenden Dschungelliane, der »Liane des Todes«. Harner sollte am eigenen Leib eine schamanische Initiation erleben und seine eigenen *tsentsaks*, Verbündeten, finden. So ist der Forscher vom Sammler zum Betroffenen und zu seinem eigenen Forschungsgegenstand geworden und bis heute geblieben. Harner hat den Schamanismus an sich selbst erforscht und Methoden entwickelt, westliche Menschen in die Geheimnisse dieses alten Wissens einzuführen, und zwar ohne die Hilfe halluzinogener Substanzen. Schamanismus von innen her zu erforschen, aus der persönlichen Erfahrung, ist seit Harner und Castaneda zum Standard authentischer Schamanismus-Forschung geworden. Trotzdem profilieren sich in der Fachwelt noch immer viele Schreibtisch-Schamanen.

Harner und Castaneda sind Quereinsteiger in den Schamanismus. Sie sind als rational gebildete und selbst an Universitäten beschäftigte Forscher zu den nativen Schamanen gekommen. Beide waren um die 30 Jahre alt, als sie vor dem Hintergrund ihrer Erziehung, Bildung und Tradition begannen, Schamanismus zu praktizieren. Castaneda hat eindrücklich berichtet über seinen Kampf mit seinen Prägungen, Denk- und Empfindungsmustern. Diese Konflikte wurden zum stilistischen Grundelement seiner Berichterstattung. Er hat sich zeitlebens dem toltekischen Schamanismus gewidmet, einer angeblich längst untergegangenen oder nur noch im Untergrund betriebenen Schamanismus-Tradition.

Harner hat viele Jahre bei Schamanen auf der ganzen Welt gelernt und erkannt, dass in den Techniken und Ritualen der unterschiedlichen schamanischen Traditionen ein gemeinsamer Wesenskern steckt. Respektvoll bezieht sich Harner auf Eliade, um darüber zu sprechen:

»Eliade entdeckte, dass die hervorstechendste Eigenschaft eines Schamanen die ist, dass er in andere Welten reist. Hier liegt der Eckstein für den Schamanismus, für seine ernsthafte Praxis. Denn durch die Reise lernt der Schamane oder derjenige, der sich in Ausbildung befindet, die Geister zu kontaktieren: direkt von den Geistern zu lernen und von ihnen Hilfe zu bekommen.« (Harner, Interview, 1997)

DIE SCHAMANISCHE REISE FÜR JEDERMANN, JEDEFRAU

Harner hat eine für uns westliche Menschen einfach praktizierbare Technik der schamanischen Reise entwickelt. Wir brauchen uns nicht in einen Ziehbrunnen zu stürzen wie die verzweifelte Stieftochter Marie und auch nicht jahrelang die zweite Aufmerksamkeit des Träumens zu üben, um in die Nichtalltägliche Wirklichkeit zu gelangen. Man legt sich auf den Boden und lässt sich durch anhaltendes monotones Trommeln in den so genannten *schamanischen Bewusstseinszustand* versetzen. Statt sich den einströmenden Tranceerlebnissen auszuliefern, strebt man durch einen dunklen Tunnel einer lichtvollen Sphäre entgegen. Dort in der Nichtalltäglichen Wirklichkeit lässt man sich von seinen Geist-Verbündeten die für die Heilung notwendige Kraft und das Wissen geben und kehrt damit durch den Tunnel in die Alltagswirklichkeit zurück. Harner hat herausgefunden, dass diese Art schamanischer Reise der Kern vieler schamanischer Traditionen ist. Mit Blick auf das Träumen können wir davon ausgehen, dass die vier Schritte – Bewusstseinsveränderung, Durchgang durch eine Schwellenzone, Aufenthalt in einer anderen Welt und Rückkehr – eine universelle Technik sind, in andere Wirklichkeiten vorzustoßen. Jedenfalls ist die schamanische Reise die Grundlage aller weiteren Heiltechniken, wie *Extraktion, Seelenrückholung, Divination,* die Harner unter dem Begriff *Core-Schamanismus* zusammenfasst. (Darauf werde ich noch detailliert eingehen.)

Core-Schamanismus ist der westliche Weg zum Schamanismus. Harners Reisetechnik öffnet uns einen Weg, uns selbst als Schamanen zu erleben. Das ist Harners Entdeckung. Er stützt sich zwar noch immer auf die Praktiken der alten Schamanen, um uns an unsere eigenen schamanischen Fähigkeiten heranzuführen. In diesem Sinne basiert Core-Schamanismus noch auf dem ethnologischen Zugang zu den Schamanen. Aber Harners Weg zwingt uns nicht zur Übernahme einer bestimmten Tradition, der wir ohnehin nie mehr gerecht werden können. Wir müssen auch keinen Raub am Kulturgut indigener Völker betreiben, um Schamanismus zu praktizieren.

Harner und seine Lehrbeauftragten geben seit Mitte der achtziger Jahre in Seminaren die schamanischen Kerntechniken weiter. Hunderte von Menschen überall auf der Welt haben inzwischen gelernt, schamanische Reisen durchzuführen und mit schamanischen Heilpraktiken leidenden Menschen beizustehen. Dahinter steckt Harners Überzeugung, dass jeder Mensch die Fähigkeiten eines Schamanen hat und diese entwickeln kann. Schamanismus ist nicht speziell begabten Menschen vorbehalten. Jeder Mensch kann als Schamane wirken, in dem Sinne, wie ihn Eliade beschrieben hat. Die Wirklichkeit gibt Harner und all den anderen Recht, die schamanische Lehrorganisationen aufgebaut haben, etwa die Castaneda-Leute in Kalifornien, Serge Kahili King in Hawaii, der Halbindianer Swift Deer und Viktor Sanchez in Europa.

5. PFAD: HÖHLENMENSCHEN UND UR-SCHAMANEN

SCHAMANISMUS: RELIGION ODER PSYCHOLOGIE?

Albert Einstein, der Erfinder der Relativitätstheorie, auf der unser heutiges Weltbild beruht, soll Heisenberg gegenüber folgende Bemerkung gemacht haben: »Die Theorie bestimmt, was wir beobachten können!« (zit. in

Kraft 1995, S. 49). Wie bereits festgestellt, haben sich die Ethnologen und Anthropologen vor allem auf die zwei Denkgebäude Religion und Psychologie gestützt bei ihrer Erforschung des Schamanismus. Das trifft auch für die hier zitierten Wissenschaftler zu:

- Oholmarks stuft Schamanismus als psychische Krankheit ein;
- Hoppál etikettiert ihn als Primitivreligion und symbolische Vermittlung;
- Hultkrantz würdigt Schamanismus als untergehende Heilpraktik;
- Eliade anerkennt ihn als Meisterschaft in der Technik der Trance;
- Harner sieht ihn als erlernbare Praxis der Bewusstseinsreisen.

Die Einordnung mit Hilfe der Koordinaten Religion und Psychologie ist nicht unproblematisch: Schamanismus ist älter als jede Religion und Psychologie und hat sich bei den nomadisierenden Naturvölkern bis in die heutige Zeit hinein selbstständig weiterentwickelt. Religion und Psychologie sind Schöpfungen der sesshaften Menschen. Sie haben ihre Wurzeln zwar im Schamanismus, aber sie sind relativ späte Antworten auf die Grundfragen des Seins, geprägt von einer schon weit fortgeschrittenen Zivilisation. Die Stifter der großen Weltreligionen sind alle Kinder der Zivilisation. Mit Jesus begann für uns eine neue Zeitrechnung, 6000–8000 Jahre nach Entstehung der ersten Siedlungen im heutigen Kleinasien. Psychologie als Wissenschaft hat mit Sigmund Freud vor hundert Jahren angefangen.

Schamanismus ist eine Tradition der nomadisierenden Naturvölker mit einer eigenen Entwicklungsgeschichte, die keinen »Nachhilfeunterricht« von den rationalen Wissenschaften benötigt. Auffällig ist, zu welch unterschiedlicher Wertung der Kerntechnik des Schamanen – die Jenseitsreise – die beiden Nicht-Psychologen Harner und Hoppál kommen: Hoppál zieht die Psychologie heran, um die Erfahrungen des Schamanen auf der Reise als gedacht, vorgestellt, symbolisch einzustufen. Harner dagegen führt psychologische Techniken der Bewusstseins-veränderung ein, um das schamanische Reisen für uns Westler lernbar zu machen: z.B. Tagtraum-Techniken, katathymes Bilderleben. Damit unterstützt der Anthropologe Harner ungewollt jene Psychotherapeuten, die Schamanismus als eine Erweiterung ihres Methodenrepertoires in die Psychologie integrieren wollen. (In meinem ersten Buch bin ich ausführlich darauf eingegangen. Siehe Zumstein 1999, S. 67f.)

Andererseits setzt sich Harner vehement für die Eigenständigkeit des Schamanismus ein. Harner schreibt in der Anleitung für angehende schamanische Berater, die Ratsuchende in die Methode des schamanischen Reisens einführen, auf dass diese ihre Lebensprobleme mit Hilfe eigener spiritueller Verbündeter lösen können:

»Zum Beispiel könnten manche Leute versucht sein, die schamanische Reise zu beschreiben als eine Art ›freie Assoziation‹, basierend auf Imagination oder Visualisation. Ich fühle mich jedoch stets unwohl, wenn vorschnell versucht wird, das, was in einem wenig bekannten Gebiet wie dem Schamanismus geschieht, in Begriffe zu übersetzen, die es fein säuberlich in die Schubladen eines bekannten Systems einordnen. Es ist gefährlich, psychologische Schlagwörter zu benutzen, um diese Phänomene zu beschreiben, weil es Menschen zu der irrigen Annahme verleiten könnte, wir wüssten wissenschaftlich genau, was im Schamanismus geschieht. Dies ist jedoch definitiv nicht der Fall. [...]

Mein Rat an diejenigen, die gern schamanischer Berater werden möchten, ist jedoch, dem Schamanismus eine Chance zu geben, für sich allein zu stehen. Schließlich steht er seit Zehntausenden von Jahren für sich alleine. Deshalb ist es nicht notwendig, ihm dadurch zu Wirksamkeit zu verhelfen, dass man ihn durch die Vermischung mit Konzepten und Techniken anderer Systeme ›verbessert‹ – indem man beispielsweise auf die Archetypen des Unbewussten oder auf das System der Chakras verweist. Schamanismus verdient es, als das respektiert zu werden, was er ist, [...].

Aufgrund der erfahrungsbezogenen Natur dieses Weges, der den ganzen Menschen mit einbezieht und die Kraft der visionären Fähigkeiten des Bewusstseins umfassend nutzt, scheint das *Shamanic Counseling* [Schamanische Beratung] oft eine mindestens genauso wirksame Transformations-Methode zu sein wie diejenigen, welche hauptsächlich auf dem analytischen Verstand basieren.« (Harner 1988, S. 1)

Imagination, Visualisation, Trance, Bewusstseinsveränderung, verändertes Wirklichkeitserleben, Träumen – dies sind Arbeitsthemen der Psychologie, das weiß Harner sicher auch. Trotzdem ist Schamanismus kein psychologisches Phänomen. Harner hat Recht, wenn er darauf hinweist, dass Schamanismus viel älter ist als jede Religion, jede Psychologie. Es empfiehlt sich also, dorthin zu gehen, wo Schamanismus entstanden ist, respektive wo sich die ersten Zeugnisse von Schamanen finden, denn so kann man Schamanismus auf eine ganz neue Art kennen lernen.

HÖHLE – TOR ZUR MYTHISCHEN WELT

Man muss in die Steinzeithöhlen hinuntersteigen, um die ersten Schamanen anzutreffen. Unter der Erde öffnen sich gewissermaßen die Geschichtsbücher über das Wirken der ersten Schamanen 20 000 Jahre vor unserer Zeit. Sie gehören zu den wenigen von Schamanen selbst hinterlassenen Zeugnissen ihrer Begegnungen mit der *Kraft*. Die meisten anderen wurden uns von Ethnologen übermittelt.

In monumentalen Gemälden hat menschliches Bewusstsein vor etwa 20 000 Jahren sein Erwachen bekannt gegeben. In den Höhlen von Lascaux, Pech-Merle, Rouffignac, Niaux, Les Trois Frères in Frankreich und in El Castillo bei Altamira in Spanien traben im flackernden Schein von Kieferfackeln lautlos Herden von Mammuts, Wisent und Rentieren die Höhlenwände entlang. Steinböcke posieren auf Felsvorsprüngen, Pferde und Ziegen ziehen vorbei, hier das berühmte chinesische Pferd, dort der rote Hirsch, ganz oben auf einem vorspringenden

Stein rufen zwei Schnee-Eulen. Eine unüberschaubare Fülle von Tieren haben die Menschen der Steinzeit in diese Höhlen gerufen und ihnen hier eine ewige Gestalt verliehen. Hier und da sinkt ein Tier, getroffen von den Pfeilen der unsichtbaren Jäger, nieder oder schleppt sich verwundet weiter. Da liegt ein tödlich verletzter Bär, das Blut läuft aus dem Mund. Bilder von unmittelbarer, bannender Ausdruckskraft, wie eben erst entstanden und doch schon zwischen 20 000 und 14 000 Jahren alt.

Es gibt gute Gründe anzunehmen, dass die Höhle der erste Kultraum der Vorzeitmenschen war, die von der Natur bereitgestellte Kathedrale, in der das eben erwachte Bewusstsein sein Verständnis des Mysteriums des Lebens zelebrierte.

Die Vorzeit-Menschen haben nicht dauernd in diesen Höhlen gewohnt, obwohl sich das Gerücht von den Höhlenbewohnern hartnäckig hält. Es fehlen Spuren von Kochstellen, es finden sich keine Scherben von Gefäßen.

»Tatsächlich bevorzugten die Menschen der Vor- und Frühzeit, wie wir heute aufgrund exakter Funde wissen, auf ihren den Wildherden folgenden Wanderzügen das freie Gelände. Dort errichteten sie einfache Laubhütten und später zeltartige Behausungen.«

(Braem 1994, S. 23)

Die Höhle war für diese Menschen nicht Behausung, sondern Kultraum, magischer Raum, Gebärmutter der Erde. Hier wirkten die ersten Schamanen.

WILDNIS – DIE URNATUR

Der Versuch, sich in das Bewusstsein jener Menschen zurückzudenken, mag dabei helfen, das Erwachen des Schamanismus zu verstehen. Da war nichts außer der Wildnis, dem Tier und dem Menschen selbst. Sie lebten der Wildnis ausgesetzt, die sie gemeinsam mit dem Tier zu bewältigen hatten. Wohin sie auch gingen, sie setzten ihre Füße in die Wildnis, wohin sie schauten – nur Wildnis. Sie schenkte ihnen Feuer und Wasser, Früchte und Samen. Wo ihre Haut nicht durch Tierfell bedeckt war, berührte sie die Sonne, der Regen und der Wind. Ihr Tag war der Tag der Sonne. Sie waren Wesen der Wildnis und hatten doch Bewusstsein ihrer selbst.

In der Wildnis fanden sie die höchste Macht, die Hüterin aller Geheimnisse des Lebens und des Sterbens. In Sonne, Mond und Erde sahen sie wohl Vater und Mutter des Lebens. Später suchten sie in anderen markanten Gestirnen wie dem Polarstern, den fünf sichtbaren Planeten eine Verbindung zu den Geheimnissen der Schöpfung.

Da war noch keine Zivilisation, die sie von der Wildnis trennte und ihnen die Herausforderungen des Überlebens abnahm. Da gab es auch noch keine Obrigkeit, keine Instanzen, keine Institutionen, denen sie angehörten und die ihnen ihr Verhalten vorschrieben, die ihnen Lebenssinn verschafften und die Welt erklärten. Alle waren einander gleich, verbunden im Überlebenskampf in der Wildnis.

Für uns ist das Weltverhältnis der archaischen Menschen heute kaum nachvollziehbar. Unser Bewusstsein sieht die Wildnis nicht mehr. Wenn wir uns für das Leben in der Natur entscheiden, stecken unsere Füße immer in Schuhen, wir tragen eine »Out-door-Ausrüstung« mit zumindest Feuerzeug und Taschenmesser.

TIER – MITTLER DES MYTHISCHEN

Das Tier war der nächste Nachbar der zu Bewusstsein erwachten Menschen – und zugleich selbst Wildnis. Das Tier war noch vollkommen eingebettet in die Wildnis und dem gleichsam als nackter Affe umherstreifenden Menschen Vorbild bei der Bewältigung des Daseins. Er lernte vom Tier, sich gegenüber den Naturkräften zu behaupten, folgte seinen Fährten zu den Wasserstellen und Weideplätzen. Gleichzeitig tötete er das Tier, um selbst zu überleben.

Für die Urvölker war das Tier immer gejagte Nahrung, Lieferant von Fellen und Knochen für Bekleidung,

Werkzeuge und Waffen. Es war aber immer auch Vermittler des Höheren, Übernatürlichen, Mythischen, letztlich der Kraft des Schöpfers. So sind die Menschen gleichsam mit der Seele des getöteten Tieres in die Höhle hinuntergestiegen und haben ihr dort eine neue Existenz verliehen, im Wissen, dass das Leben letztlich aus der Erde geboren wird. Sie haben die Tiere in unüberschaubarer Fülle an die Höhlenwände gemalt.

Die Menschen haben die mythische Kraft des Tieres an die Höhlenwände gebannt. In gewissen Höhlen in der Schweiz findet man Gräber von Bärenschädeln. Die Menschen haben die Überreste des Tieres der Erde zurückgegeben, auf dass es aus der Erde wieder geboren werde. Diese mythische Verbindung zum Tier ist bis heute ein Kennzeichen des Schamanismus. Tiergeister, so wie er sie an die Höhlenwände gemalt hat, sind neben den Ahnen die wichtigsten Verbündeten jeder Schamanin, jedes Schamanen. Bei den Ureinwohnern Amerikas haben sich ganze Stämme der Kraft eines Tiergeistes unterstellt. Die bunten Totempfähle der Indianer sind allseits bekannt.

Als die amerikanischen Einwanderer die Kraft der Eingeborenen endgültig brechen wollten, haben sie Büffelkiller losgeschickt. Mit dem Blut der Büffelherden ist die Kraft der Indianer für immer im Boden der Prärien versickert. Das war vor etwas mehr als hundert Jahren. Seither fristen die meisten Indianer ihr Dasein in Reservaten. Der Büffel hatte sie nicht nur mit Nahrung und allen überlebenswichtigen Rohstoffen versorgt, er war ihre Verbindung zur Kraft der Schöpfung und des Schöpfers. Auch bei uns finden wir Spuren der Vorstellung von der mythischen Kraft des Tieres: Sie taucht in den Wappentieren auf, wir begegnen ihr als Ausdruck des Heiligen Geistes, als Opferlamm (Dalichow 1999).

HÖHLENMENSCH

Wo sind die Menschen, die hier ihre nächsten Nachbarn in derartiger Menge und Vielfalt auf die Höhlenwände gebannt haben? Wer hat diese Gemälde angefertigt? Wer ist damals in diese Höhlen hinuntergestiegen: nur Schamanen, nur Auserwählte, die ganze Sippe?

Die Bilder selbst geben Hinweise auf ihre Schöpfer. Der Höhlenforscher Harald Braem hat darauf hingewiesen, dass nur etwa ein Zehntel der dargestellten Bilder Jagdszenen sind (Braem 1994). Die Menschen haben nicht Tiere aus Fleisch und Blut um sich versammelt, nicht hauptsächlich Jagdszenen gemalt, um gleichsam den Sieg über das Tier zu dokumentieren. Die Tiere sind hier unter der Erde in Geistform anwesend. Und genauso war der Mensch in der Höhle nicht Jäger, nicht Tiertöter. Er war selbst Seelenwesen. Der Steinzeitmensch hat sich in den Höhlen nicht als Jäger porträtiert, obwohl Jagen sein Leben war. Vom Jäger sehen wir nur die Pfeile in den getroffenen Tieren.

Im Eingangsschacht zur Höhle von Lascaux findet sich eine der seltenen Selbstdarstellungen: der berühmte liegende Schamane, neben ihm ein Stab, gekrönt mit einem Vogel, ein Kraftstab, wie er viele tausend Jahre später zum Machtsymbol des Königs, des Herrschers wird. Forscher haben immer wieder darüber gestritten, ob hier ein gewöhnlicher Jäger von einem tödlich getroffenen Auerochsen mit einem letzten verzweifelten Kopfstoß niedergestoßen wird oder ob da ein Schamane in Vogelmaske in magischer Verzückung liegt und dem übergroßen Tier mit seinem »Pointing-Stick« die Seele aus dem Leib gestoßen hat, diesem verzauberten Todesstab, wie ihn auch die australischen Aborigines eingesetzt haben, um einen Gegner zu treffen.

Felicitas Godman sieht in dem am linken Bein aufragenden Stab einen erigierten Penis, übrigens wie viele andere Forscher auch, obwohl dieser Penis auf Kniehöhe absteht, vergleicht man ihn mit der Länge der Arme. Die Anthropologieprofessorin Godman interpretiert die Körperhaltung dieses neben dem mächtigen Auerochsen schmächtig wirkenden Strichmännchens mit dem seltsamen Vogelmaskengesicht, mit den abgespreizten Armen und Dreifinger-Händen als rituelle Trancehaltung. Godman schreibt:

>Nimmt man also eine derartige rituelle Körperhaltung ein und fügt eine rhythmische Anregung (z.B. durch einen Rasselton) hinzu, dann verändert sich der Bewußtseinszustand in bemerkenswerter Weise: Es tritt die Trance ein, und das ursprüngliche Ritual ersteht zu neuem Leben, womit dann auch der Kontakt mit der anderen Wirklichkeit erlebnismäßig wiederhergestellt wird.« (Godman 1992, S. 10)

Godman besteht darauf, dass man bei dieser rituellen Körperhaltung in einer Neigung von 37 Grad liegen musste, genau in jenem Winkel zur Waagrechten, in dem der Schamane auf die Höhlenwand gezeichnet ist. Denselben Neigungswinkel, wie sie ihn auch bei einer ägyptischen Darstellung des sterbenden Osiris fand. Diese Haltung induziere eine Seelenfahrt in die obere Welt, sagt Godman:

>Die Seele sucht einen Ausgang, fährt aus dem Mund oder aus einer Öffnung in der Schädeldecke hinaus. Frauen erleben manchmal, dass sie sich selbst gebären. Die Seele fährt nach oben, auf Berggipfel oder in den Kosmos. Die Geistwesen, die einem begegnen, tragen oft ein Vogelgefieder.« (Godman 1992, S. 95)

Felicitas Godman hat viele archaische Kunstwerke nach geheimen Anleitungen zu Trance-Erlebnissen untersucht und mit ihren Forschungs-Gruppen systematisch erprobt. Die Ergebnisse hat sie in mehreren Büchern beschrieben. Die Frage bleibt: Kann in einer Körperhaltung wie jener von Lascaux das ganze rituelle Wissen von damals über 15 000 Jahre codiert bleiben?

Wie dem auch sei, Felicitas Godmans These ist faszinierend. Durch Nachahmen der Körperhaltung des Schamanen von Lascaux könnten wir uns nicht nur mit dem Steinzeitschamanen verbinden, sondern auch noch wie er in die *Nichtalltägliche Wirklichkeit* reisen. So gesehen, wäre Godmans Technik der Trancehaltungen eine Alternative zu Harners schamanischer Reise und eine Möglichkeit, das Bewusstsein der Steinzeitmenschen abzutasten. Leider landet die Professorin für psychologische Anthropologie bei ihrem kühnen Brückenschlag bei der psychologischen Deutung des Erlebten:

>Die Erforschung der durch die Haltungen vorgegebenen Erlebnisinhalte ist im Grunde eine Art psychologische Archäologie, die uns Einblick gestattet in die Vorstellungs- und Erlebniswelt derer, die das betreffende Kunstwerk einst geschaffen haben.<
(Godman 1992, S. 46)

Ich glaube, wir müssen die Psychologie hinter uns lassen, wenn wir in die Steinzeithöhlen hinuntersteigen. Wir benötigen auch keine Kürbisrassel, um das Bewusstsein in Trance zu versetzen. Sehen wir uns zunächst nach anderen Menschendarstellungen in den Höhlen um. Nach dem beschwerlichen Einstieg zur tief unter der Erde liegenden Höhle von Les Trois Frères begegnet dem Forscher eine andere Berühmtheit:

>Unmittelbar vor einem engen, schmalen Gang, der in einen geheimen Raum hinabführt, wacht er und scheint mit seinen stechenden Augen jeden Ankömmling zu bannen.<
(Braem 1994, S. 148)

Wer tanzt da vor dem Grotteneingang, ein Mensch mit einem Tigerkörper oder ein Hirsch mit Menschenbeinen und den Krallenhänden eines Greiftieres? Diese Gestalt vereint viele Wesen in sich. Die einen nennen ihn Zauberer, für die anderen ist er der >Ahnherr aller Tiere<, der >große Tiergeist<, einige sehen in ihm einen >Hochgott< oder schlicht einen Jäger-Schamanen. Wahrscheinlich ist er alles in einem. Derartige Unterscheidungen sind nicht existenziell wichtig. Sie sind Ausdruck unseres sozialen Klassifizierungs-Bewusstseins.

Vor 15 000 Jahren wurde hier das Urbild des tanzenden Schamanen in Fels gebannt, so wie er bis heute überall auf der Erde tanzt. Krafttiertanz ist in allen schamanischen Traditionen ein wichtiges Ritual. Tanz ist gelebte Ekstase und Transformation. Im Tanz ist der

Schamane bald Tier, bald Gott, bald Mensch. Er tanzt über das Bewusstsein des Einzelwesens hinaus in die Alleinheit, er wird zum Geist, Boten und Mittler zwischen den Wirklichkeiten, zum Vermittler der universellen *Kraft*, die alles belebt und beseelt. Im Tiertanz schenkt der Schamane dem Tiergeist seinen Körper, erhält dafür die Kraft des Tiergeistes. Bei den Heilritualen tanzt der Schamane die *Kraft* ins Zentrum des Kreises der Kraftsuchenden.

Aber nicht nur der Krafttiertanz, sondern das Malen der teils monumentalen, teils kleinen, mit einigen Strichen wie hastig hingeworfenen Tierkörper, alle in Bewegung, ist ein Lebendig-werden-Lassen der *Kraft*. Die Seele des Malenden und das gemalte Tier sind eins wie beim Tanzen. Das ist bei manchen heutigen Künstlern nicht anders. Tanzen und Malen sind die ursprünglichen Kraftrituale des Schamanen, um über sich hinauszugehen und eins zu werden mit dem Universum.

Der Mensch als Schamane verwandelt sich in der Höhle in die Urnatur seines Wesens, wird selbst wieder zum Tier, kehrt so zurück in die ursprüngliche Harmonie mit der Natur. Als Jäger tötet der Mensch die Tiere, als Schamane lässt er sie an den Höhlenwänden wieder aufleben. Er gibt ihrer Seele in der Tiefe der Erde eine neue Wirklichkeit, aus der sie wieder neu geboren werden. So schließt sich der ewige Kreislauf der Lebenskraft. Unter der Erde keimt das neue Leben, hier ist die Quelle der Lebenskraft. In unserer christlichen Vorstellung dagegen wird uns das Leben, der Lebensodem von oben eingehaucht.

Der Mensch der Steinzeit hat die ersten Schritte aus dem Paradies getan. Ihm war die Sorge um die Harmonie des Lebens überantwortet. In der Höhle verwandelt sich der Jäger in den Schamanen und wird als solcher selbst wieder zum Tier. Er stellt jene Harmonie wieder her, die er als Jäger zerstört, weil Leben sich aus Leben ernähren muss. Leben muss töten, um zu überleben. Er nimmt Leben und gibt Leben, er schließt den Kreis. Jäger und Schamane sind unabdingbar miteinander verbunden, durch die Notwendigkeit, als körperliches Wesen zu überleben, und die Notwendigkeit, als bewusstes Wesen den Kreislauf des Lebens zu verstehen.

Jäger und Schamane sind zwei existenzielle Daseinsweisen des zu Bewusstsein erwachten Menschen. So ist bei vielen Naturvölkern bis in die heutige Zeit derselbe Mann Jäger, Bauer, Handwerker und nach der Arbeit Schamane, genauso wie die Frau Mutter, Hausfrau und nach der Arbeit Schamanin ist.

In den Höhlen finden sich immer wieder Szenen von Paaren beim Geschlechtsakt, Männer in sexueller Erregung, nackte Frauen mit üppigen Brüsten und breiten Becken, die unwillkürlich an Fruchtbarkeitsidole und Urmütter erinnern. Wie ein Kontrapunkt dazu wirkt die grazile »Frau von la Madeleine« mit anmutig geöffneten Schenkeln. Auch Paarungsszenen zwischen einer Frau und einem Hirsch respektive einem Bison sind zu sehen: Sind das einfach steinzeitliche Obszönitäten wie einige Forscher mutmaßen? Oder wird da in der Tiefe der Höhle gleichsam das Leben aus der Erde gezeugt? Vereint die Frau in sich die Mutter des Irdischen und des Überirdischen? Zeugt sie neues Leben aus dem Geist, mit dem Geist? So verstanden, wird sie selbst zur Schamanin, sie tanzt nicht nur den Tiergeist, in ihr zeugt er neues Leben. Sie wird damit zur Mittlerin des Geistes und des neuen Lebens im Kinde.

Mit einem derartig kurzen Überblick wird man diesen monumentalen Zeugnissen archaischer Spiritualität nicht gerecht. Da gäbe es noch Spuren von Fruchtbarkeits- und Initiationsriten von jungen Frauen und Männern zu sichten sowie ein archaisches Lexikon früher Zeichensprache, so genannter Petroglyphen, und immer wieder tanzende Mischwesen.

Nur noch eine Bemerkung: In den Höhlen sind noch keine Könige, keine sonstigen Führer und ihre Krieger anzutreffen, sie haben die Bühne der Wirklichkeit noch nicht betreten. Der Schamane ist vor dem König, vor jeder sozialen Ordnung, er gehört zum existenziellen Bewusstsein des Menschen, er ist keine Rolle, kein reiner Funktionsträger. Er ist die Verbindung zur *Kraft*, zum Universum, zur verborgenen Schöpferkraft. Im Bewusstsein jener Menschen scheint sein Beitrag zum Leben ebenso elementar wie jener der Frau und Mutter, des Jäger-Vaters und des Tieres. So wie der Mensch zum Überleben physischer Nahrung und Nachkommen benötigt, so benötigt er geistige Nahrung und Verankerung in der Welt.

Die Notwendigkeit, sich Rechenschaft zu geben über die Grundfragen des Daseins – woher das Leben kommt, wohin es geht, wer die Welt und das Leben hervorgebracht hat –, hat die Menschen seit dem Erwachen des Bewusstseins beherrscht, hat zu allen Zeiten die größten und schönsten Bauwerke hervorgebracht, aber auch die grausamsten Kriege heraufbeschworen.

Die Steinzeitmenschen waren nicht primitive Halbwilde. Man weiß heute z.B., dass ihre Hirnmasse der unseren entsprach. Sicher waren sie auch nicht die Ersten, die sich mit dem Mysterium des Daseins und der Welt befasst haben. Die Vertreibung aus dem Paradies, der Alleinheit mit der Welt, war ein Jahrtausende dauernder Entwicklungsprozess. Die Spuren einer verstehenden Selbstmanifestation reichen 70 000 bis 100 000 Jahre zurück.

URMUTTER

Willendorf in der Wachau in Niederösterreich ist der Fundort der »Frau von Willendorf«, der Urmutter der Steinzeit. Doch eigentlich fand man Statuen der Urmutter überall in den Wohnstätten der Steinzeitmenschen. Sie ist eine kleine Figur, die bequem in die Hand passt, eine »Handschmeichlerin« aus Stein, die es zulässt, dass wir ihre kraftvolle Weiblichkeit spüren, ihre breiten Hüfte, die großen Brüste, den schwangeren Bauch und ihre Vulva. In ihr kulminiert die Kraft von Zeugung, Geburt, Fruchtbarkeit, Leben und Tod, Verbundenheit mit der Urmutter Erde. Mit und in der Frau ist immer auch das Kind da, zwar immer nur als ungeborenes Kind, nirgends als eigenständiges Wesen.

Ich finde es bezeichnend, dass die Frau und Mutter auch oberirdisch, in den steinzeitlichen Wohnstätten anzutreffen ist. Die Frau kann auch Jägerin und Schamanin sein, aber ihr alleine ist es vorbehalten, Kinder zu gebären. In ihrer Gebärmutter bringt sie Leben aus der Urmutter Erde ins irdische Leben. In ihr wird es gezeugt, in der Höhle ihrer Gebärmutter wächst es heran, durch sie wird es geboren. Die Frau ist Mittlerin zwischen der Schöpferkraft und dem Menschen, sie ist die Urschamanin schlechthin.

In der Frau und Urmutter mit ihrem Kind, im Jäger-Vater, im Schamanen, in ihrer Verbundenheit mit dem Tier hat sich in den Steinzeithöhlen archaisches Bewusstsein manifestiert. In diesen fünf Gestalten hat sich der Mensch vor 20 000 Jahren selbst begriffen. So fand er sich in der Wildnis.

DAS UR-PENTAGRAMM DER *KRAFT*

Mutter–Kind–Jäger–Schamane–Tier bilden die Grundmatrix des Bewusstseins. In der Mutter entsteht das neue Leben, in ihr entwickelt sich das Kind, sie bringt es in die Welt, sie garantiert den Fortbestand des Lebens. Das Kind trägt das Leben und die Errungenschaften seiner Eltern weiter, es ermöglicht Entwicklung, Evolution. Der Jäger sorgt fürs Überleben. In existenzieller Verbundenheit mit beiden ist der Schamane – als Mittler zwischen der Natur und dem Übernatürlichen – vertreten durch das Tier, dem nächsten Nachbarn des Menschen.

Wenn wir die ersten Zeugnisse menschlichen Bewusstseins vorbehaltlos betrachten, erkennen wir, dass es gleichsam in diesen fünf Gestalten kristallisiert ist. Mutter-Kind-Jäger-Schamane-Tier in ihrer existenziellen Verbundenheit bilden eine Art Urkristall in unserem Bewusstsein. Er ist die Grundform, aus der heraus sich das menschliche Bewusstsein bis heute entwickelt hat.

Überreste dieser Grundmatrix sind noch heute in der Kernfamilie aus Mutter, Vater und Kind erhalten; im Berufstätigen ist nur noch entfernt der ursprüngliche Jäger zu erkennen. Der Schamane und der Tiergeist wurden im Laufe der Zivilisation ausgelagert. Deren Aufgaben haben Priester, Ärzte und die sozialen Institutionen übernommen.

Jeder Mensch hat die fünf Urtypen der Mutter, des Kindes, des Jägers, des Tieres und des Schamanen in sich. Sie stehen bis heute am Ausgangspunkt menschlicher Bewusstseins-Entwicklung, um im Laufe des Lebens vielfach überformt zu werden durch neue Erfahrungen. Das Ur-Pentagramm ist ein Abbild der Voraussetzungen, dank derer menschliches Leben auf dieser Erde möglich ist. Mutter–Kind–Jäger–Schamane–Tier ermöglichen in ihrem existenziellen Zusammenwirken das Leben und damit Bewusstsein. Der Schamane ist der Spezialist für den existenziell notwendigen Kontakt zur transzendenten Welt. Daher könnte man Schamanismus auch definieren als Bewusstsein am Kristallisationspunkt des Lebens. Der Schamane muss diese Urmatrix immer wieder überschreiten, transzendieren und zur universellen *Kraft* zurückkehren, die alles Leben erst ermöglicht. Dort findet er die Kraft zum Heilen.

ANFÄNGE DER KOSMOLOGIE

Das Ur-Pentagramm ist eine Abstraktion, die so nirgends aufgezeichnet wurde. Sie entsteht, wenn wir die auf den Höhlenwänden gezeichneten Wesen zueinander in Beziehung setzen, so wie es durch die Überlebensbedürfnisse der Menschen vorgegeben ist. Diese Grundmatrix des Bewusstseins kann man auch als erste Kosmologie der Menschen sehen. Sie ist ein Abbild des existenziellen Mysterienspiels, deren Hauptakteure der Schamane, der Jäger–Vater, die Mutter mit Kind und das Tier sind. Das erste Abbild des menschlichen Ringens, sich selbst in der Welt und das Zusammenwirken der Lebenskräfte zu verstehen.

Mircea Eliade hat die Ekstase, das Erlebnis des Über-sich-Hinausgehens, als menschliches Urphänomen bezeichnet. Ich glaube, ebenso elementar ist das Eingebundensein in das Ur-Pentagramm des Bewusstseins. In ihm kristallisiert Bewusstsein, wenn es aus dem Ozean der *Kraft* auftaucht. Weil der Schamane eine Urgestalt des bewussten Daseins ist, hat er sich mit dem Bewusstsein überall auf der Welt entwickelt. Spekulationen, wo der Ursprung des Schamanismus liege und wie er sich ausgebreitet haben könnte, wie sie z.B. Roger Walsh (1992) anstellt, machen auf diesem Hintergrund keinen Sinn. In der Urzelle des Bewusstseins liegt das Geheimnis der Schamanen. Darum hat er auch bei den Naturvölkern überlebt. Darum suchen wir ihn heute wieder. Das scheinbar Primitive ist sein Vorzug, seine Urkraft.

Natürlich haben sich seit der Steinzeit viele verschiedene regionale Formen des Schamanismus mit spezifische Rituale, Zeremonien und Heiltechniken entwickelt. Das Ur-Pentagramm ist vielfach überformt worden. Der Blick auf die ersten Schamanen hilft uns zu erkennen, dass der Schamanismus, wie wir ihn heute antreffen, eine lange Entwicklungsgeschichte hinter sich hat. So kann Schamanismus nicht einfach definiert werden als das, was heutige native Schamanen tun.

SCHAMANISMUS –
EXISTENZIELLE ANTWORT AUF DIE WILDNIS

Der Besuch bei den Steinzeitmenschen wirft ein neues Licht auf das Verständnis des Schamanismus. Mircea Eliades Formel: Schamanismus = Technik der Ekstase, auf die sich praktisch alle neueren Schamanismusforscher stützen, suggeriert das Bild, dass die Menschen irgendwann Techniken zum Verändern des Bewusstseinszustandes entdeckt hätten, als Weg in die spirituelle Vereinigung mit dem Universum einzutauchen. Schamanen wären dann jene Männer und Frauen, die diese Techniken immer mehr perfektioniert haben. So kann es gewesen sein. Die von den Ethnologen gesammelten Geschichten über die wild trommelnden und tanzenden Schamanen und Schamaninnen in aller Welt, respektive jene Schamanen, die halluzinogene Pflanzen zu sich nehmen, bestätigen diese Auffassung.

Bedenkenswert finde ich die These, dass Techniken, Rituale und Zeremonien, die wir heute bei den letzten Schamanen vorfinden, die Folge einer Entwicklungsgeschichte des Schamanismus sind, deren Anfänge wir in den Steinzeithöhlen finden. Schamanismus entspringt einer existenziellen Notwendigkeit des zu Bewusstsein erwachten Menschen. Dieser existenzielle Schamanismus ist nicht ableitbar aus den naturwissenschaftlichen Erkenntnissen über veränderte Bewusstseinszustände. Außerdem ist er viel früher und elementarer als jede Form der Religion und der Psychologie.

Ohne Hilfsmittel standen die Vorzeitmenschen der Wildnis auf Leben und Tod gegenüber. Dieses »Der-Wildnis-gegenüber-Stehen« macht es für den bewusst gewordenen Menschen notwendig, nach Wegen der Rückkehr in den Urzustand des Einsseins mit der Natur zu suchen. Er hat sie damals gefunden, indem er zeitweise unter die Erde zurückgekehrt ist und sich mit der Wesenskraft des Tieres vereint hat, indem er sie gemalt und getanzt hat. Dies lässt uns verstehen, warum die Krafttiere bis heute im Schamanismus eine so große Bedeutung haben. Sie sind seit je die Mittler zu der alles durchströmenden Lebenskraft. Sie sind die Mittler der *Kraft*.

Bevor wir die Steinzeit endgültig verlassen, noch eine Bemerkung zu den Werkzeugen des Schamanen. Wenn überhaupt, dann ist der Schamane der magische Jäger. Seine »Waffen« sind die Vogelmaske und der Vogelstab, aus dem später das Zepter der Könige wird und vielleicht der »Pointing-Stick«. Dies sind Waffen des Bewusstseins, Kraftobjekte, wie sie der Schamane bis heute verwendet. Mit ihrer Hilfe bringt er die mythische Kraft zum Einsatz. Als mythischer Jäger bläst er dem Wisent die Seele aus dem Leib, er transzendiert den physischen zum mythischen Kampf und vereinigt sich mit der Seele des Tieres.

In den Höhlenzeichnungen finden sich keine Trommeln oder Rasseln, keine Werkzeuge, sein Bewusstsein zu verändern. Hätten die ersten Schamanen Trommeln und Pflanzen benützt, wären sie nicht auf Zeichnungen dargestellt, so wie der Vogelstab oder die Pfeile der Jäger? Reichte die Stille der Höhle nicht aus, ihr Bewusstsein zu verändern? Mussten sie in Trance fallen, um mit den Tiergeistern in Kontakt zu kommen und eins zu werden mit dem Universum? Fragen, die bis heute nicht beantwortet sind. Seit der Jungsteinzeit tönt die Trommel durch die Steppen. Der Schamane, die Schamanin schlägt im Rhythmus des Erdherzens, wie um das Bewusstsein daran zu erinnern, unter die Erde zu gehen, die Reise in die raum- und zeitlose Sphäre der universellen Kraft anzutreten.

ÜBERLEBENSBEDINGUNGEN UND VERBREITUNG DES SCHAMANISMUS

Wie konnte der Schamanismus überleben, 20 000 Jahre lang, sodass er heute eine echte Renaissance erlebt? Die Entwicklungsgeschichte des Schamanismus liegt weitgehend im Dunklen. Der Besuch in den Höhlen verhilft uns auch hier zu neuen Einsichten.

Es scheint zwei Entwicklungslinien des menschlichen Bewusstseins zu geben: das Bewusstsein der Nomaden und das der Sesshaften. Der Schamane ist eine zentrale Figur der Jäger- und Sammlergemeinschaften, die bis in unsere Zeit hinein als Nomaden und in enger Verbindung mit der Natur gelebt haben.

DAS BEWUSSTSEIN DES SESSHAFTEN MENSCHEN

Unsere kulturellen Vorfahren haben das Nomadentum vor 6000 bis 10 000 Jahren aufgegeben. Damals haben sich unsere Wege getrennt. In Mesopotamien entstanden die ersten Städte, die Zeitrechnung, die Schrift und das wissenschaftliche Erforschen der Welt begann. Das Zweistromland zwischen Tigris und Euphrat im heutigen Syrien und Ostirak ist die Wiege der Kulturen der zivilisierten Sesshaften. Ihre Zivilisation hat sich nach Ägypten, in den Mittelmeerraum und Griechenland und noch weiter westlich nach Rom und Europa ausgebreitet; Jahrhunderte später von Spanien und Portugal aus über den Ozean nach Amerika, nach Afrika und nach Australien. Im Osten erreichte die Zivilisation China und Indien. Wir kennen die Geschichte des Aufstieges und Niedergangs der einzelnen Kulturen. Wir haben eben das Zeitalter der hoch industrialisierten Zivilisation erreicht.

Was trennt uns vom Schamanen in den Steppen Sibiriens, in der Tundra Alaskas, den großen Ebenen im

Mittleren Westen der USA? Was trennt uns vom Nomaden? Darauf kann man zunächst eine lapidare Antwort geben: die Zivilisation, die Stätten der Sesshaftigkeit, deren Bequemlichkeit, Dauerhaftigkeit, Verweichlichung, scheinbare Sicherheit, Abzäunung gegen die Wildnis. Wenn wir als Quereinsteiger zu einem nativen Schamanen in die Lehre gehen, übersehen wir, dass er zur Wiedervereinigung mit den Wesenskräften der Natur seine Bewusstseinsgeschichte zurückgeht, während wir die unsere zurückzugehen haben. Unsere ist sehr viel länger. Wir sind Nachfahren der vor etwa 10 000 Jahren sesshaft gewordenen Menschen.

Dreimal haben mich tuvinische Schamanen mitgenommen in die Steppen Südsibiriens. Dreimal habe ich schmerzlich erlebt, welche Bewusstseinsmauern ich in der Wildnis zu durchbrechen habe. Jedes Mal wieder erschien mir die Steppe zunächst als entleerter Raum, weil meine Augen überall Zivilisation suchten. Paradoxerweise habe ich gleichzeitig erlebt, mit welcher Wucht die Steppe meine Bewusstseinsmauern gleichsam implodieren lässt, in der äußeren Leere stürzen sie in mich hinein, erzeugen eine noch größere Leere in mir, die mich verwirrt, ängstlich und halb wahnsinnig macht. Es dauerte Tage, die Fülle dieser Leere zu sehen, zu hören, zu spüren, das Bewusstsein in sie hinein auszuweiten. Heute weiß ich, dass die Backsteine meiner Bewusstseinsmauern aus Gewohnheiten bestehen, wie dauerndes inneres Reden, Einordnen aller Wahrnehmungen in das Raum-Zeit-Raster, das rationale Denken und das Eingeschlossensein in eine eigene innere Bewusstseinswelt. Es wäre eine interessante, aber längere Geschichte, der Entwicklung dieser Bewusstseinsgewohnheiten nachzugehen. Sie ist verbunden mit Namen wie Augustinus, Michelangelo, Galileo Galilei und Sigmund Freud.

Beschränken wir uns hier auf einige fundamentale Unterschiede zwischen unserem und dem Bewusstsein der Schamanen:

- Der Schamane geht mit seinem Bewusstsein zur Welt. Schamanismus ist eine hoch entwickelte Form der Anpassung an die Wildnis. Der Schamane findet die Werte, Gesetze und Regeln seines Bewusstseins draußen, im Adlerflug, im Gesang des Windes, im Rauschen des Wassers. Sein Raum des Bewusstseins ist draußen. Wir erinnern uns noch an die Rede des Häuptlings Seattle.

- Wir »Zivilisierten« haben die Technik der Verdrängung der Wildnis immer weiter perfektioniert. Wir bauen die Landschaften unseres Bewusstseins in die Welt. Dadurch wird Wildnis zur Natur, zum Garten unseres Bewusstseins. Unser Raum des Bewusstseins ist in uns. Wir projizieren unsere magische Innenwelt nach außen.

- Schamanismus-Experten beschreiben Schamanismus als ursprüngliche oder uralte Form der Rückkehr in die Einheit mit dem Universum – als ob Schamanismus einmal erfunden worden wäre und sich nicht weiterentwickelt hätte. Diese Idee steckt auch hinter Michael Harners zeit- und traditionslosen Wesensformen des Schamanismus. Die heutigen Schamanen und Schamaninnen der Naturvölker sind ebenso wie wir Erben einer Jahrtausende dauernden Entwicklung. Aber diese Entwicklung hat in unmittelbarem Kontakt mit der Wildnis stattgefunden.

ANMERKUNGEN ZU EINER ENTWICKLUNGS-GESCHICHTE DES SCHAMANISMUS

In den schwer zugänglichen Gebirgen, Steppen und Urwäldern, aber auch in den nördlichen und südlichen Randzonen der Kontinente, etwa in Feuerland an der Südspitze Amerikas oder entlang des nördlichen Polarkreises, scheint die Zeit stillgestanden zu sein. Die Menschen lebten bis in jüngster Zeit als Jäger und Sammler. Das hat zwei Gründe.

Einerseits handelt es sich um klimatisch und topografisch extreme Zonen. Die Wildnis fordert von den Menschen genau jene Anpassung, wie wir sie bei den Steinzeitmenschen kennen gelernt haben. Diese Menschen müssen in Einklang mit den Rhythmen und Kräften der

Wildnis leben wie ihre nächsten Nachbarn die Tiere: als Gäste umherziehen und nehmen, was ihnen die Wildnis von sich aus schenkt. Der Schamane wirkt als Mittler zwischen Mensch und Wildnis. Er führt Menschen zu den besten Jagd- und Weideplätzen. Er leitet die Dankes-Rituale für die Erde und ihre Früchte, für die Seelen der Tiere, die ihr Leben für das Überleben der Menschen hingegeben haben, und für den Schutz der Geister. Daneben ist der Schamane Heiler, Vermittler, Lehrer, Helfer bei Geburt und Tod, Seelenbegleiter.

Der zweite Grund für das jahrtausendelange Überleben der archaischen Jäger- und Sammlerkulturen verliert heute immer mehr an Bedeutung: Von außen waren diese Gegenden bislang schwierig zu erschließen oder sie sind arm an Bodenschätzen. Dadurch blieben sie von der Zivilisation verschont. Lange schon versuchen die »Zivilisierten« auch in diesen Gebieten ihre Siedlerspiele. Technik macht sie nun möglich. Heute führt auch zum Kraftplatz des Schamanen eine Straße. Die Wildnis ist zur Goldgrube des Tourismus geworden. Damit wird der Untergang des Schamanismus in diesen Gebieten beschleunigt.

Viel ist geschehen seit der Zeit der prähistorischen Höhlen. Die Schamanen sind an die Erdoberfläche, ans Tageslicht gekommen. Sie wirken jetzt in der mittleren Weltebene. Vielerorts kleiden sie sich in lange bunt geschmückte Schamanengewänder, die sie mit einem kostbaren Gürtel zusammenhalten, und teilweise tragen sie Kronen auf dem Kopf oder Hüte mit Federschmuck.

Bei näherer Betrachtung ihres Gewandes wird klar, dass die Schamanen kaum ihre weltliche Macht zur Schau stellen, sondern ihre Verbindung zum umfassenden Ganzen. Sie schmücken es mit den Krallen des Bären, mit der Haut der Schlange, mit dem Fell des Büffels, mit dem Geweih des Hirsches. Sie tragen die Sonnenscheibe auf der Brust, die Mondsichel am Rücken. Von ihrem Hut blickt das zweite Gesicht herab, Perlenschnüre verbergen ihre weltlichen Augen.

Wir begegnen heute einem Schamanismus, der spätestens seit dem 15. Jahrhundert durch den Kontakt mit Eroberern, Kriegern und Missionaren vielfach überformt worden ist. Heute tragen die Schamanen und Schamaninnen Gewänder und Kronen wie Könige und sie wirken mit im gesellschaftlichen Machtgefüge. Darum werden sie in der Literatur immer als spezielle Funktionsträger innerhalb einer Gemeinschaft, einer politischen Hierarchie positioniert. Man sieht in den Schamanen Anführer oder Berater. Oft werden die Schamanen auch als Künstler wahrgenommen, weil sie ihre Träume gestalterisch zum Ausdruck bringen, Gewänder mit Abbildern ihrer Verbündeten, geschnitzte Knochenpfeifen, Sandbilder, Masken, verzierte Musikinstrumente herstellen. Vielleicht hat dies damals in den Höhlen mit den Tierzeichnungen begonnen, mit Farben, die den Pflanzen entlockt wurden. Aber die Schamanen haben sich sicher nicht als Künstler verstanden. Das ist nicht das ursprüngliche Wesen des Schamanen.

Die Schamanen sind ins Alltagsleben gekommen. Sie lassen alle teilhaben an ihrem Wirken. Ja, sie sind zu den eigentlichen Geschichtenerzählern geworden. Geschichten über die Entstehung der Erde, von den drei Welten, vom Weltenbaum, von ihrer Erwählung durch die Geister in den Träumen oder während einer schweren Krankheit. Sie schildern uns ihre Zerstückelung durch die Geister und ihre spirituelle Wiedergeburt. Sie erklären uns ihre Rituale und sie singen Epen ihrer Suche nach den Geistern, ihres Ringens mit ihnen zur Besiegung der Krankheit, ihrer Bittgebete an die Geister, um zu einer geraubten Seele geführt zu werden, die sie einem ihrer Angehörigen wieder zurückbringen wollen. Sie singen von den Gefahren, die sie auf ihren Jenseitsreisen überwinden mussten, um die Seele eines Verstorbenen in seine jenseitige Heimat zu begleiten, wo ihn seine Vorfahren längst erwarten.

Wir hören auch, wie der Schamane seine Hilfsgeister herbeiruft, bevor er mit seiner Arbeit beginnt. Und beim Tanz ums Feuer klingen die Schellen, die er an seinem Gewand befestigt hat. Er schwingt seine Trommel zum Siebengestirn des Großen Bären und von da zum Polarstern. Dieser helle, kalte Stern gilt ihm als Himmelsnagel, an dem die Welt zusammengehalten wird, er ist auch die Öffnung in die *Obere Welt*. Dorthin zeigt der Weltenbaum neben dem Feuer. Entlang der Weltenachse reisen die Schamanen zu ihren Ahnen in die Seelensphäre der *Oberen Welt*. Aber auch in die *Untere Welt* folgen sie ihr. Mit der Weltenachse ist die Kosmologie des Schamanen vollkommen. Jeder Baum wird nun zur Verbindung der drei Welten. Er wurzelt in der *Unteren Welt*, der Stamm durch die *Mittlere Welt* hebt die Baumkrone der *Oberen Welt* entgegen.

Je länger der Tanz dauert, je lauter die Trommel klingt, desto spürbarer beginnen die Klauen um seine Handgelenke zu leben, wie wenn der Bärengeist aus der Taiga gekommen wäre, im Schamanen zu tanzen. Der Hirschgeist kommt über die Steppe, stößt mit dem Geweih auf dem Kopf des Schamanen in den Himmel, wie um ihn aufzureißen. Aus dem Wolfsschwanz wächst das Fell über das ganze Schamanengewand. Jetzt ist der Schamane bereit zum Sprung durch die Himmelsöffnung zu seinen Ahnen. Der Körper des Schamanen fällt schwer zur Erde. Seine Seele macht sich auf die Reise, begleitet vom Geist des Hirsches, des Bären und des Wolfes. Es ist der Schamane aus den Höhlen, der da tanzt, als ob keine Zeit vergangen wäre. Die ihn umstehenden Stammesgenossen haben ihn gebeten, zu den Ahnen ihrer Bruders zu gehen, der seit zwei Vollmonden nicht von der Jagd zurückgekehrt ist.

Der Schamane hat die Funktionen des Priesters, des Seelsorgers übernommen. Die Sorge um die Seele des Menschen ist geradezu eine seiner Hauptfunktionen geworden. Er sucht die verlorene Seele, oder besser Seelenteile, er begleitet die Seele hinüber ins Seelenreich, er überquert immer wieder die Schwelle zwischen Leben und Tod in beiden Richtungen. Seine Reise ist jedes Mal ein Aufgeben des diesseitigen Lebens. Darum wird ein Mann oder eine Frau oft erst Schamane, nachdem der Tod ihn oder sie berührt hat.

Natürlich muss der Schamane sich die Einordnung oder sogar Unterstellung unter die Macht der Religionen gefallen lassen, weil auf seinen alten Kraftplätzen längst Kirchen gebaut sind, die damit signalisiert haben, dass sie fortan den ganzen Bereich des Übernatürlichen abdecken und für sich in Anspruch nehmen. Der Schamane muss sich nun immer den Urteilskriterien der Kirchen stellen. Wir erinnern uns noch an Hoppáls Schamanismus-Definition.

Bei den Naturvölkern hat der Schamane überlebt. Noch immer ist er existenzieller Partner der Mutter und des Jägers. Daran hat sich während all der Jahrtausende nichts geändert. Er tanzt die Kraft des Geistes ins Leben hinein, er bittet um Verzeihung für das räuberische Wesen des Menschen. Überall, wo der Mensch Jäger und Sammler geblieben ist, bestimmte über Jahrtausende hinweg die steinzeitliche Bewusstseinsmatrix das Erleben und Handeln, obgleich sich weitere soziale Strukturen entwickelten, die Führerfigur auftrat, Krieger, Bauern, Handwerker. Götterverehrung und Religionen entstehen oder Elemente aus den Siedlerreligionen fließen ein. Die Schrift, die Kunst, das Handwerk tritt auf. All dies ist Ausdruck der weiteren Entwicklung des Bewusstseins. Die Daseinsgemeinschaft zwischen Mensch und Tier jedoch hat sich bei den Naturvölkern bis in unsere Zeit hinein erhalten, der Mensch folgt dem Tier, das ihm Nahrung und Überleben sichert.

WERDEGANG DES SCHAMANEN

VISIONSSUCHE

Schamane werden heißt, die Fähigkeit freizulegen, wieder eins zu werden mit dem Universum. Er muss lernen, der *Kraft* in ihrer Urform zu begegnen. Wir wissen, dass der Schamane die Entwicklungsgeschichte des Bewusstseins zurückzugehen hat, bis er im Ur-Pentagramm den Tiergeist antrifft, der ihn mit der *Kraft* des Alleinen in Verbindung bringt. Er taucht in den Ozean der *Kraft* ein, sein Krafttier hilft ihm, nicht unterzugehen. Anders gesagt, geht es um die Fähigkeit einer absichtlichen und zeitlich begrenzten Regression zum Ursprung des Bewusstseins. Der Schamane muss alle Grenzen durchbrechen, die das Bewusstsein im Laufe seiner Entwicklung gegenüber der Wildnis aufgebaut hat. Was liegt da näher, als in die Wildnis zurückzukehren.

Der indigene Schamane geht auf *Visionssuche* in die Wildnis, tanzt nächtelang ums Feuer, fastet wochenlang im dunklen Erdloch, lässt sich auf der *Jenseitsreise* zerstückeln, um von der *Kraft* berührt zu werden. Die *Visionssuche* ist der erste Schritt seiner Einweihung, der Initiation in die Geheimnisse der Begegnung mit der *Kraft*.

Knud Rasmussen, dänischer Polarforscher, Ethnologe und einer der besten Kenner des Schamanismus der Inuit, der Völker nördlich des Polarkreises, gewann auf seinen zahlreichen Expeditionen, die er zwischen 1910 und 1933 unternahm, das Vertrauen der dortigen Schamanen. Er hat in mehreren Büchern über fünf seiner »Thule-Expeditionen« berichtet, benannt nach der von ihm gegründeten Handelsstation Thule im Gebiet der Polarinuit. Hier ein Bericht über die Visionssuche und Initiation des Karibuschamanen Igjugarjuk.

»Sonderbare Wesen, die er [Igjugarjuk] nicht kannte, traten an ihn heran und sprachen zu ihm, und wenn er aus dem Schlaf erwachte, standen alle Traumbilder so lebendig vor ihm, daß er seinen Lagergefährten davon erzählen konnte. Nachdem es auf diese Weise allen klar geworden war, daß er zum Zauberer [Angakoq] bestimmt sei, wurde ein alter Mann namens Perqanaoq sein Lehrmeister. Mitten im Winter, in der allerkältesten Zeit, brachte er Igjugarjuk auf einem kleinen Schlitten, gerade groß genug, um darauf zu sitzen, weit vom Lager weg auf die andere Seite des Hikoligjuaq. Hier mußte er auf dem Schlitten sitzen bleiben, während der alte Zauberer ihm eine Schneehütte baute, die so klein war, daß er gerade darin hocken konnte. Igjugarjuk durfte den Schnee mit seinem Tritt nicht beflecken und wurde deshalb von dem alten Mann, dessen Fußspuren als rein und heilig galten, in die Schneehütte getragen. Er bekam nicht mehr als nur ein Stückchen Fell zum Sitzen, erhielt auch keine Nahrung, weder feuchte noch trockene. Der alte Zauberer ermahnte ihn, nur an den großen Geist zu denken und an den Hilfsgeist, der nun zu ihm kommen würde, dann verließ er ihn.

Als fünf Tage vergangen waren, kam der alte Zauberer zurück und brachte ihm einen Trunk lauwarmes Wasser. Darauf hungerte er wiederum, und zwar fünfzehn Tage, erhielt abermals einen Schluck lauwarmes Wasser samt einem ganz kleinen Stück Fleisch und mußte dann noch zehn Tage hungern. Nach diesem langen Fasten wurde er endlich von dem alten Zauberer abgeholt. Igjugarjuk erzählte, daß die dreißig Tage, die er damals zubrachte, so kalt und so ermüdend waren, daß er bisweilen ein wenig starb. Er dachte während der ganzen Zeit nur an den großen Geist und versuchte, alle Menschen und alle alltäglichen Begebenheiten seinen Gedanken fernzuhalten. Erst gegen Ende seiner Fastenzeit kam ein Hilfsgeist in Gestalt einer Frau zu ihm. Sie kam, während er schlief, und schwebte über ihm. Dann träumte er nicht mehr von ihr und sie wurde sein Hilfsgeist. Nach der Kälte und dem Hunger dieses langen Monats mußte er fünf andere Monate eine sehr strenge Diät halten und durfte keinen Umgang mit Frauen haben. Danach wurden die Fasten wiederholt, denn je öfter man sie wiederholt, desto befähigter wird man, das zu schauen, was anderen verborgen ist. In Wirklichkeit endet die Lehrzeit niemals; es kommt auf einen selbst an, wieviel man leiden und wieviel man lernen will.«

(Rasmussen, zit. in Campbell 1996)

Eine eindrückliche Schilderung der Begegnung mit der *Kraft*: Igjugarjuk wurde zuerst in den Träumen von der *Kraft* in Gestalt von sonderbaren Wesen gerufen. Seine Lagergefährten erkannten, dass für Igjugarjuk die Zeit gekommen war, Schamane zu werden. Der alte Schamane Perqanaoq brachte ihn in einem Ritual zur Visionssuche. In Verlassenheit, Hunger, Kälte und Erschöpfung starb Igjugarjuk viele Tode. In der Sprache Rasmussens heißt dies, dass er bisweilen ein wenig starb. Dann begegnete Igjugarjuk im Traum der *Kraft* in Gestalt einer Frau. Sie ist fortan sein Hilfsgeist und hilft ihm, Kranke zu heilen, und verbindet ihn mit dem zeitlosen Wissen des Universums. Aber seine Lehrzeit ist nicht zu Ende, sie endet niemals.

Berufung, Visionssuche, Ich-Tod und Wiedergeburt aus dem Geist, d.h. spirituelle *Transformation, Initiation* sowie die nachfolgende *Lehrzeit* sind die wesentlichen Stufen im Werdegang eines Schamanen. Zur Berufung gehört sowohl der innere Ruf als auch die Aufforderung der Umgebung. Ursprünglich hat die Gemeinschaft ihre Schamanen ausgewählt. Darum kann es ohne schamanische Gemeinschaft keine Schamanen geben. Frauen oder Männer, die nach einem Nahtoderlebnis, einer schweren Krankheit verwandelt zurückkamen oder immer schon als Sonderlinge aufgefallen waren, wurden von der Gemeinschaft aufgefordert, Kranke zu heilen. Damals wusste man, dass ein Mensch gleichzeitig mit dem Tod auch der Lebenskraft begegnet ist; der Kraft, Krankheit und Tod durch neues Leben zu überwinden. Nachkommen von Schamanen sowie durch Schamanen in langer Lehrzeit Ausgebildete wurden als Schamanen anerkannt, solange sie zu heilen vermochten. Wenn ein Schamane nicht erfolgreich war oder die Gemeinschaft das Vertrauen verloren hatte, galt er nicht mehr als Schamane. Man hört Geschichten von Völkern, die erfolglose Schamanen umgebracht haben sollen.

Um Schamanismus zu verstehen, muss man also selbst den Weg des Schamanen gehen, so wie Igjugarjuk oder seine Schwägerin und Schülerin Kinalik, von der Rasmussen berichtet, dass sie bei klirrender Kälte und Schneetreiben fünf Tage kopfüber an einer Stange aufgehängt und ihr dann auf Geheiß ihrer Mutter ein Stein gegen das Herz geschossen wurde, um sie für die Wahrnehmung des Übernatürlichen zu öffnen. Die ethnologische Literatur über die indianischen, sibirischen, afrikanischen und australischen Schamanen ist voll von ähnlichen Erlebnisberichten wie jenen von Igjugarjuk und Kinalik.

In der Geschichte von Kinalik wird zweimal erwähnt, dass die *Kraft* ihr geholfen hat, diese Strapazen durchzustehen. Nachdem ihr Igjukgarjuk einen Stein gegen das Herz geschossen hatte, wurde ein Sängerfest abgehalten, »... während sie die ganze Nacht tot dalag. Sie litt nicht; die Geister beschützten sie, und am nächsten Morgen, gerade als Igjugarjuk zu ihr wollte, um sie wieder zum Leben zu erwecken, erwachte sie von selbst« (Campbell 1996, Bd. 1, S. 276).

DER SCHAMANE ALS »WOUNDET-HEALER«

Michael Harner hat in einem Gespräch mit dem Mönch David Steinl-Rast im Januar 1993 in Esalen, Kalifornien, die Geburt des Schamanen als »Woundet-Healer« (etwa: verwundet-geheilter Heiler) geschildert:

> »In Teilen Sibiriens und Südamerikas ist dies ein Weg, Schamane zu werden. Ein Mitglied einer kleinen Dorfgemeinschaft liegt danieder mit einer lebensgefährlichen Krankheit. [...]
> Alle rechnen mit seinem Tod und haben ihn mehr oder weniger aufgegeben. Dann passiert ein Wunder: Dieser Mensch überlebt. [...] Und weil er diese schwere Krankheit überwunden hat, sieht die Gemeinschaft in diesem Menschen einen Bezwinger dieser Krankheit und sagt: ›Die Heilkraft ist zu diesem Menschen gekommen.‹
> Und wenn kein anderer Schamane in jenem Dorf ist, werden sie den geheilten Menschen aufsuchen und sagen: ›Schau, wir haben ein krankes Kind. Kannst du deine Heilkraft einsetzen, um diesem Kind zu helfen.‹ Vielleicht hat jenes Kind dieselbe oder eine andere Krankheit. Und der Mensch wird überrascht sagen: ›Ich, ich weiß nicht...‹
> Aber als Mitglied dieser Gemeinschaft kann er nicht ablehnen. Und damit ist ein Schamane geboren.«
> (unveröffentlichte Tonbandaufzeichnung 1994, freie Übersetzung des Autors)

Dieser Geburtsmetapher des Schamanen liegt die Erfahrung zugrunde, dass Kranksein gleichzeitig eine Begegnung mit der Heilkraft ist. Harner ist der Ansicht, wir alle hätten in und durch unsere Zivilisation derart tief greifende Traumen erlebt und überlebt, dass in uns die Schamanenkraft, die Kraft zum Heilen schlummert.

Mongush B. Kenin-Lopsan, ein unermüdlicher Sammler und Kenner der Schamanen seiner Heimat Tuva in Südsibirien und darum ehrfürchtig »Schamanen-Professor« genannt, erklärte uns auf einer Steppenfahrt während der ersten Sibirien-Expedition, dass nach dem Glauben der Tuvinier nur jene wirkliche Schamanen seien, die ihre Fähigkeiten von ihren Vorfahren geerbt haben. Gemäß Kenin-Lopsans Genealogie gibt es verschiedene Abstammungen der wirklich starken Schamanen und Schamaninnen. Entweder waren ihre Vorfahren schon Schamanen, vielleicht schon über viele Generationen hinweg. Oder Geister der Erde, des Wassers oder des Himmels haben ihnen die Fähigkeiten direkt übertragen. Kenin-Lopsan sprach auch von Berichten über Schamanen, die von Hexen und anderen magischen Wesen gezeugt worden seien.

Für den rationalen Verstand klingen die Äußerungen des Schamanismusforschers verrückt. Wenn wir uns wieder auf das Ur-Pentagramm besinnen, verstehen wir, dass es sich hier um die Geburt des Bewusstseins aus der ursprünglichen Verbindung mit dem mythischen Wesen handeln muss.

INITIATION HEUTE

Wie werden die Menschen bei uns zum Schamanismus gerufen, um nicht zu sagen: berufen?

Harners Einführungsseminar in den Core-Schamanismus dauert ein Wochenende. Bereits bei diesem ersten Kontakt mit dem Schamanismus berichten Teilnehmende von Erfahrungen in der Nichtalltäglichen Wirklichkeit, wie sie vorne in den von Rasmussen berichteten Erzählungen von Igjugarjuk und Kinalik. Viele Seminarteilnehmer erleben ihre Reisen wie ein Wiedererinnern vergessener Fähigkeiten, ja ein Heimkommen.

Das schamanische Wissen scheint in unseren Knochen zu schlummern. Doch genügt ein Wochenendseminar zur Initiation als Schamane oder Schamanin? Manche mögen dies meinen. Es ist nur konsequent, dass in einer säkularisierten Gesellschaft auch das schamanische Wissen jedem Einzelnen übertragen und überlassen wird. Mit Harners Methode der schamanischen Reise können sich alle zu Hause auf den Boden legen und auf eine schamanische Reise begeben, eingehüllt in den monotonen Trommelrhythmus, abgespielt von einer CD. Es kann sich auch jeder Schamane nennen. Die Gemeinschaft hat dazu nichts mehr zu sagen.

Jolanda ist heute 41-jährig und arbeitet in einer Bank. Drei Monate im Jahr steigt sie aus dem Alltagsleben aus und wird Seefahrerin – eine Visionssuche der besonderen Art. Wie für viele beginnt ihr Weg zum Schamanismus in der Kindheit:

>Schon als Kind habe ich mich für Indianer interessiert, es hat mich immer fasziniert, wie sie mit der Natur umgehen und ganz besonders, wie ihre Medizinmänner auf eine ganz andere Art als unsere Ärzte heilen, wie sie Geister anrufen, Tiere und Pflanzen als ihre Verbündete gebrauchen. Mein Leben lang bis heute habe ich immer wieder Bücher aus ihrem Kulturkreis gelesen, nie hat mich diese Faszination losgelassen. Gleichzeitig haben mich Tiere, Pflanzen und vor allem Bäume und das Wasser immer angezogen, für mich war als Kind klar, dass ich entweder Urwalddoktor werde oder aber mich zur Marine melde und zur See fahren würde, in andere Welten, auf der anderen Seite des Meeres.«

Jolanda schildert eindrücklich ihr Leben zusammen mit einer depressiven Mutter und einem von Alkohol abhängigen Vater. Als sie 19 war, brachte sich ihre Mutter um:

>Und Zeit, Erde, alles stand still, hielt den Atem an angesichts dieses Todes, der niemals, niemals hätte geschehen dürfen. – Monatelange Phasen der Leere wechselten sich ab mit Zeiten, in denen mich eine wahnsinnige Wut überfiel, meine Mutter erschien mir in meinen Träumen und erklärte mir schluchzend, dass

da drüben alles düster und schrecklich sei; und einmal gar träumte ich vom Teufel, so jedenfalls kam es mir vor: ein Traum von einem Mann, der eine so eiskalte böse Ausstrahlung hatte, dass mich sein Bild noch wochenlang verfolgte. Manchmal, wenn ich schöne Dinge sah, stieg eine solche Welle von Hass in mir hoch, dass ich mir schon gar nicht mehr menschlich vorkam, und dann wieder fühlte ich mich verloren, alleine wie ein kleines Kind, träumte von riesigen Häusern, in deren labyrinthartigen Gängen und Gärten ich mich verlor.«

Als sie sich einigermaßen gefangen hatte, begann Jolanda Geschichte zu studieren, ihren Lebensunterhalt verdiente sie als Aushilfsverkäuferin. In dieser Zeit erfuhr sie durch Carlos Castanedas Bücher vom Schamanismus:

»Die Erlebnisse Castanedas und die Welt Don Juans faszinierten mich, berührten mich zutiefst, gleichzeitig war ich aber auch davon überzeugt, dass so etwas nur jemandem wie Castaneda geschehen konnte. Schamanismus war für mich damals etwas für traditionelle Medizinmänner und vielleicht für einige wenige Glückliche wie Castaneda.«

Immer wieder reiste Jolanda nach Südamerika und Australien, immer in der heimlichen Hoffnung, von einem Schamanen als Schülerin ausgewählt zu werden. Erst zwanzig Jahre später, besuchte sie ein Basis-Seminar in Core-Schamanismus:

»Da ist mir klar geworden, dass Schamanismus nicht den Castanedas dieser Welt vorbehalten ist und dass ich, um Schamanismus zu lernen, nicht in die australischen Wüsten oder auf die Höhen der Anden reisen muss.«

Doch blenden wir zehn Jahre zurück:

»Am Tag, als ich zum ersten Mal zur See fahren wollte, und einen Tag vor meinem dreißigsten Geburtstag starb mein Vater. Ich war wie gelähmt, ein Dejavu der

schlimmsten Sorte, nein, bitte nicht schon wieder! –
Seit damals segeln wir jeden Sommer, seit damals, als
ich stundenlang unter einem Sternenhimmel durchse-
gelte, wie es ihn nur über dem Meer gibt. Nächte ver-
brachte ich im Gespräch mit meinem Vater. Seit
damals, als ich bei meinem ersten Sturm an meine
Grenzen kam wie nie zuvor. Damals begann ich meinen Kampf gegen die Naturgewalten, begann mich
aufzulehnen gegen Wind, Meer und Sturm. Nie habe
ich gewonnen, aber immer mehr verstanden und
gelernt. Plötzlich konnte ich verstehen, warum uns die
Erde heilig sein, warum wir das Meer verehren und
fürchten, warum wir Winde gnädig stimmen sollten.
Es war und ist, als würde ich mich langsam zurück-
bewegen zu einer animistischen Lebenseinstellung, und
vielleicht war und ist es auch nur, weil es für mich einfacher ist, mit einem Sturm, der plötzlich aufkommt,
umzugehen, wenn man ihn als Wesen versteht, das
man anschreit, anfleht und dem man dankt, wenn es
einen verschont hat.

Und manchmal ist es auch, als segelten wir in eine
andere Welt. Es ist, als gäbe es nur uns auf dem Atlan-
tik, plötzlich ist alles weg, was sonst so wichtig ist, und
wir befinden uns in einer öden und doch geheimnisvollen Welt aus Wolken, Wellen, Schaum und Vögeln, als
hätten wir einen Vorhang durchquert, eine Grenze
überschritten. Und wir kommen an unbekannte Ufer,
als wären es Welten, die uns fremd sind, die zeitlosen,
uralten Landschaften scheinen uns zu betrachten, die
endlosen Weiten des Meeres machen uns klein, immer
kleiner und doch sind wir da, wir mit allem, was uns
ausmacht – beängstigend, aber auch faszinierend, mich
lässt es nicht mehr los.«

Jolandas Erzählung steht jener des Inuit-Schamanen
Igjugarjuk in nichts nach. Sie schildert hier Begegnungen
mit den Kräften der Natur, wie sie die Schamanen seit
Jahrtausenden erzählen, wenn sie von ihrer Visionssuche
zurückkehren. Statt gegen Meer und Stürme kämpften
jene gegen die Steppe und brennende Sonne, kämpften
gegen unbezwingbare Berge, reißende Flüsse oder den
Urwald. Der Kampf dauert bis zur Aufgabe an die Kraft

der Wildnis. Dann beginnen die Wesen der Wildnis zu sprechen und sie schenken Kraft und Wissen. Die alten Schamanen begegneten der *Kraft* in Form von Tiergeistern oder Ahnen. Jolanda spricht sehr zurückhaltend von der Rückkehr zu einer animistischen Lebenseinstellung.

Jolanda erlebte das erste Eintauchen in die *Kraft* in Träumen nach dem Tod der Mutter. Doch es war niemand da, der ihr hätte helfen können, ihre Träume als Ankündigung einer Initiation zu verstehen. Die Träume blieben bedrohlich. Zehn Jahre später unter dem Schock von Vaters Tod, herausgefordert von den Kräften der Natur, konnte sie sich ihnen öffnen.

Immer wieder reißt ein Trauma die Tore zur anderen Welt auf, tiefe Erschütterungen unserer Seele, überwältigende Emotionen lassen die Schutzwälle des Ich einstürzten, fegen Denkmuster, Überzeugungen und Glaubenssätze weg, lassen uns durchlässig werden für archaische Fähigkeiten, lassen uns in die Traumzeit zurückkehren, wo sich unsere Seele vereinigt mit der universellen *Kraft*.

DIE SCHAMANISCHE REISE

»Das Reisen mit der Trommel hat mich sehr tief
bewegt und schien etwas sehr Altes zu berühren.«
                                    Dora, Seminarteilnehmerin

Könnte jenes »sehr Alte« das Ur-Pentagramm sein? Es
ist der Urkristall der *Kraft* in den Tiefen unseres
Bewusstseins. Dorthin führt die Reise.

Die schamanische Reise ist einfach durchzuführen.
Die ersten Anleitungen erhielten wir bei »Frau Holle«.
Wir wissen auch bereits, dass unsere Träume Bewusst-
seinsreisen in andere Wirklichkeiten sind. Wir legen uns
hin, sinken in den Schlaf, träumen, erwachen aus dem
Schlaf und stehen wieder auf. Dasselbe tun wir bei der
schamanischen Reise. Allerdings legen wir uns nicht ins
Bett, sondern auf einen dafür ausgewählten Platz.

Statt einzuschlafen, verändern wir unseren Bewusstseinszustand mit Trommelrhythmen. So gelingt es uns,
in der Trance genügend wach zu bleiben, unserer Absicht zu folgen und das Reiseziel beim Durchqueren der
Zwischenwelt nicht aus den Augen zu verlieren. Die alten Schamanen haben ausführlich berichtet von ihrem
heldenhaften Kampf mit den Mächten der Zwischenwelt, wenn sie auf der Suche nach der verlorenen Seele
eines Kranken in die Nichtalltägliche Wirklichkeit vor-
stießen. Reißende Ströme, Vulkane, Ungeheuer, Heer-
scharen von Geistern stellten sich ihnen entgegen, wohl
um sie und ihre *Absicht* zu prüfen.

Wenn wir Michael Harners Anleitung zur schamanischen Reise folgen, erreichen wir die Nichtalltägliche
Wirklichkeit durch einen harmlosen Tunnel, vergleichbar dem Brunnenschacht in »Frau Holle«. Sind die Jen-
seitskämpfe der alten Schamanen ausgestanden? Wenn
wir ohne Ziel und mutwillig in die anderen Welten vor-
dringen, kann es sein, dass auch wir Angst und Schre-
cken erleben, Albträume, Horrortrips oder Psychosen.

Darum brauchen wir Verbündete. *Krafttiere* und *Lehrer* sind Wesenheiten der Kraft. Sie sind unser Reiseleiter im unbekannten Land. Sie bringen uns mit der *Kraft* so in Berührung, dass sie uns stärkt, heilt oder wir sie zum Heilen einsetzen können.

KRAFTPLÄTZE

Jede Reise beginnt und endet an einem Bahnhof – so auch die spirituelle Reise. Der Startplatz für die Reise in die Nichtalltägliche Wirklichkeit ist ein Kraftort in der Natur: eine Waldlichtung, eine Quelle, ein Teich, der Meeresstrand, ein Berggipfel oder die Kuppe am Ende eines Hügelzuges. Manchmal ist es ein frei stehender Baum, ein einzelner Steinblock inmitten einer Wiese, auf den man sich setzen muss, weil eine Kraft einen zu ihm hinzieht. Wir alle kennen solche Plätze, dort ist es uns wohl, wir fühlen uns berührt, vertraut, wie zu Hause, wir wollen dort verweilen, träumen, die Verbundenheit mit der Natur, mit der Welt, dem Universum genießen.

Solche Orte haben etwas Heiliges an sich, versöhnen uns mit dem Schicksal, mit uns selbst, erlösen uns von Trauer, Schmerz und Wut, wecken tiefe Einsichten und neue Ideen, schenken uns Kraft und Lebenswillen. In seltenen Augenblicken kann es geschehen, dass sich am Horizont die Welt einen Spalt öffnet und wir hinter sie, in andere Wirklichkeiten sehen, dort, wo die Berge und der Himmel sich berühren oder die Wolken ein Fenster öffnen in die Tiefe eines unendlichen Blaus. Die glatte Wasserfläche eines Teiches kann zum Spiegel einer anderen Welt werden, ein Windhauch trägt eine geheimnisvolle Botschaft zu uns, die Bäume singen ein Lied, der Bach erzählt eine Geschichte.

Wir begegnen solchen Orten, Plätzen immer wieder auf Spaziergängen, Wanderungen und Reisen. Manchmal ist es ein ganz persönlicher Platz, den niemand sonst als Kraftplatz erkennen würde. Ein solcher Platz ist der Ausgangspunkt für die schamanische Reise. Dort suchen wir nach einer Erdöffnung, um dann, wenn die Trommel zu schlagen beginnt, in den Erdtunnel einzutauchen, an dessen Ende sich die Nichtalltägliche Welt öffnet.

Seit jeher spielen Kraftorte im Schamanismus eine wichtige Rolle. Es gibt Orte, die durch ihre besondere Kraft seit Jahrtausenden die Menschen anziehen, Orte wie Stonehenge in England, die Externsteine in Deutschland, der heilige Berg Kailash in Tibet. Es sind Orte, die von der Natur speziell geformt wurden, natürliche Kristallisationszentren der Erdkräfte, der Kräfte der Himmelsrichtungen und der Gestirne. Seit alters her haben die Menschen dort Bauwerke errichtet, wie z.B. die Pyramiden in Ägypten oder in Mexiko. In christlicher Zeit wurden über den alten Kraftplätzen Klöster, Kirchen, Kapellen gebaut oder mindestens ein Wegkreuz aufgestellt. Wir wissen, dass die Urvölker und ihre Schamanen an solchen Orten bei Vollmond, bei der Sonnenwende sowie Tag-und-Nacht-Gleiche, aber auch bei Sonnen- und Mondfinsternis ihre Kraftrituale und Zeremonien gefeiert haben, um sich von der universellen *Kraft* heilen und stärken zu lassen. Es gibt Orte mit ganz speziellen Kräften wie Fruchtbarkeitssteine in Wäldern und an Quellen, an denen Frauen in Vollmondnächten darum gebetet haben, bald schwanger zu werden.

Es ist heilsam, einen eigenen Kraftplatz zu haben, wo die Natur uns stärkt, heilt und zu uns spricht. Dort öffnen wir eine Pforte für die Reise in die Nichtalltägliche Wirklichkeit: Eine Wurzelhöhle, ein Erdloch, ein Teich, eine Spalte zwischen Steinen oder gar eine Höhle dient uns als Eingang in die *Untere Welt*. Hier beginnt die Reise zur *Kraft*, durch diese Pforte kehren wir in die Alltagswirklichkeit zurück. Menschen, die selbst schamanisch reisen, erzählen immer wieder, dass ihr Lieblingsplatz durch diese Pforte mit einer mystischen Kraft verbunden worden sei.

ANLEITUNG ZUR SCHAMANISCHEN REISE
(NACH MICHAEL HARNER)

Neben dem Startplatz in der Natur benötigt man einen stillen Ort zu Hause, wo man sich für die Reise hinlegen kann. Eine brennende Kerze und etwas Räucherwerk kann helfen, dort eine spezielle Atmosphäre schaffen, die sich klar von der im Alltag unterscheidet und mit der Zeit zu einem hilfreichen Anker während der spirituellen Arbeit wird.

Musik zur Trance-Induktion liefert eine im Handel erhältliche Compact-Disc-Aufnahme monotoner Trommelrhythmen. Speziell an diesen Aufnahmen ist, dass man mit einem Trommelsignal in die Alltagswirklichkeit zurückgerufen wird. Die absichtliche Rückkehr in die Alltagswirklichkeit ist ein Kennzeichen des Schamanismus. Der Schamane ist ein Brückenbauer, er kehrt mit der Kraft und dem Wissen aus der Nichtalltäglichen Wirklichkeit immer wieder in den Kreis seiner Gemeinschaft zurück. Bleibt er drüben, sehen die anderen ihn als armseligen Verrückten an.

Es ist ein besonderes Erlebnis, wenn ein Freund oder Bekannter für die Reise »live« trommelt. Die flache Schamanentrommel ist das wichtigste Kraftobjekt des Schamanen. In ihrem Ton klingt der Herzschlag der Erde mit.

Wenn man mit der klaren Absicht auf seinem Kraftplatz vor der Erdöffnung steht, drüben dem Krafttier begegnen zu wollen, ist es Zeit, dass die Trommel einsetzt. Man taucht in die Erdöffnung ein und strebt ohne Zögern in die Tiefe, dem andern Ende des Tunnels entgegen. Man ist jetzt auf dem Weg zum Ursprung des Bewusstseins, lässt die Lebensgeschichte und jene der ganzen Menschheit hinter sich, um dort hinzukommen, wo das Ur-Pentagramm in einem erwacht. Dort ruft man mit der ganzen Kraft seiner Absicht nach dem Krafttier. Vielleicht wird es zu einem Wiedersehen mit einer Freundin oder mit einem Freund in einer anderen Sphäre des Seins. Für alle wird das Krafttier zu einem »Gefährten fürs Leben« (Dalichow 2000), der ihnen bei der Lebensbewältigung beistehen wird.

Mit der Begegnung mit dem Krafttier hat sich die Absicht der ersten Reise erfüllt. Der Kontakt zum spirituellen Verbündeten ist hergestellt. Ein Trommelsignal ruft einen in die Alltagswirklichkeit zurück. Von nun an kann man immer wieder zum Krafttier zurückkehren und ihm Leiden, Bitten, Fragen und Wünsche vorlegen. Außerhalb der Begrenzungen von Raum und Zeit in der Sphäre der *Kraft*, hier im grenzenlosen Sein ist man verbunden mit dem zeitlosen Wissen und der universellen Kraft.

Die schamanische Reise ist keine innere Reise. Man taucht nicht ins Unterbewusstsein oder Unbewusste ein. Das sind psychologische Einordnungsversuche spiritueller Erfahrungen. Die Bewusstseinsreise bringt einen in eine Sphäre jenseits von Unterscheidungen wie innen–außen, vorher–nachher, man berührt das Alleine. Hier kann man eins werden mit dem Krafttier – so wie es die Schamanen aller Traditionen seit dem Erwachen des Bewusstseins getan haben, wenn sie sich vereinen wollten mit der Kraft des Universums.

Die Technik der Reise in die *Obere Welt* ist sehr ähnlich jener in die Untere Welt. Nur fliegt man hier durch die lichte Atmosphäre bis an die Grenzen des physikalischen Kosmos, durchstößt eine Art Grenzschicht, hinter der die Obere Welt beginnt.

Auch in der *Oberen Welt* findet man einen Begleiter, eine Ratgeberin, einen Lehrer, eine weise Frau – alles Namen für ein Kraftwesen in Gestalt eines Menschen. Für die alten Schamanen ist die Obere Welt die Sphäre der Ahnen, der Seelen ihrer verstorbenen Vorfahren. Dort wurden sie von einem ihrer sagenhaften Führer, einem Häuptling aus vergangener Zeit oder einer Gottheit in die Geheimnisse der Welt und des Lebens eingeweiht. Die Schamanen brachten die Botschaften der Ahnen zur Gemeinschaft. Sie sind Hüter und Verkünder der Kosmologie. Das ist ihre ursprüngliche Aufgabe, früher noch als die des Heilens. Erinnern wir uns noch an das Ur-Pentagramm: Die Reise in die Untere Welt führt zum Tier; in der Oberen Welt begegnet der Schamane den anderen drei Urgestalten des Bewusstseins – der Frau und Mutter, dem Jäger-Vater und dem Kind. Die christliche Mythologie ist ein gutes Beispiel für einen kindlichen Lehrer. Natürlich reisen die Schamanen zu ihren Oberen, um praktische Fragen über die Zukunft, über die persönliche Lebensaufgabe zu stellen. Sie suchen dort Lösungen für aktuelle Probleme, aber auch unerforschtes Wissen.

Führt dieses Reisetechnik die Menschen wirklich zu Begegnungen mit der *Kraft*, wie sie die alten Schamanen und Schamaninnen auf der Visionssuche oder bei ihren nächtlichen Trommel- und Tanzritualen um das Feuer erlebten? Hören wir exemplarisch einen Reisebericht.

Er stammt von Wanda, einer vierzigjährigen Juristin und Mutter von zwei Kindern:

»Der Tiger heißt mich willkommen und führt mich in den Garten von Bomarzo. Dort steht eine überdimensionale Steinskulptur mit erschreckendem Gesicht und Angst einflößendem offenem Maul. Wir gehen zusammen in diesen Mund hinein. Die dahinter liegende Höhle ist groß, glitzernd und birgt Edelsteine. Der Tiger führt mich jedoch weiter einen Gang entlang. Wir kommen an einem Berg von Totenschädeln vorbei und landen schließlich in einem Grabraum mit einem in einem Glassarg aufgebahrten Leichnam. Der Tiger fordert mich auf, mich zu dem Leichnam ins Grab zu legen und dort zu verweilen. Er selbst bleibt in der Nähe. Nach einer Weile stehe ich wieder auf und wir verlassen gemeinsam die Höhle. Zuvor gibt mir der Tiger den Auftrag, einen Totenknochen mitzunehmen in die alltägliche Wirklichkeit. Er fordert mich auf: ›Trage den Knochen bei dir und lebe mit ihm.‹ – Die Reise habe ich unternommen in einer Lebenssituation, die von Angst geprägt war: Angst vor einer Krankheit, Angst vor einer Operation, Angst vor dem Verlust der Kinder und Sorge um sie.«

Hier ein Auszug aus Wandas Beschreibung von der Kraft und dem Wissen, das sie von der Reise zurückgebracht hat:

»In der Reise habe ich mich der Angst vor dem Tod gestellt, habe seine Nähe aufgesucht und bin bei ihm verweilt. Ich verstand, dass die größte Heilkraft für mich darin liegt, mich der Angst zu stellen und den Tod zu integrieren, anstatt ihn abzuspalten. Diese Reise gab mir unter anderem die Kraft, mich einer Operation zu stellen. Sie verlief erfolgreich.«

Für Wanda wird die Kraft in ihrem Alltagsleben wirksam, hilft ihr, die Operation zu überstehen.

ÜBER MYTHEN, METAPHERN, BEDEUTUNGEN UND KRAFT

Wie alle schamanischen Reiseerfahrungen ist Wandas Reise voller mythologischer Bilder: wie die erschreckende Steinskulptur mit dem offenen Mund, der zugleich den Zugang zu einer anderen Welt bildet, die Kristallhöhle, der Schädelberg, der Glassarg, in dem man sich zum Tod ins Grab legen kann. Solche Metaphern tauchen in vielen Mythen auf wie auch in den Schamanengeschichten. Schamanen deuten diese mythischen Motive nicht, weil ihre Kraft in ihrer existenziellen Erfahrung liegt, nicht in einer kulturbedingten Bedeutung. Dasselbe gilt auch für die Begegnung mit einem Krafttier. Seine Spezies sagt nichts aus über den Charakter des Tiergeistes und schon gar nicht über das Wesen des Menschen, der mit ihm verbunden ist. Seine Besonderheit liegt in der Kraft, mit der es den Menschen verbindet. Erfahren kann man sie nur im Krafttiertanz wenn man sich in das Erlebnis dieser Kraft »hineintanzt«.

Wir können die *Kraft* nur an ihren Wirkungen erkennen. *Kraft* kristallisiert im Bewusstsein zu Gestalten, Formen, Mythen und Metaphern. Eine der frühesten Bewusstseinsformen ist jene von Mutter–Kind–Jäger–Tier–Schamane, die ich Ur-Pentagramm genannt habe. Zusammen mit den beiden Welten, der Wildnis als Lebensraum und der Höhle als mythischer Raum von Tod und Wiedergeburt, haben wir die erste Kosmologie vor uns. Mythen sind die unmittelbarste Art, in der *Kraft* sich in unserem Bewusstsein zeigen kann. Der Mythos ist die Sprache der Kraft. Die Kraft ist die Seele der Mythen, sie ist kultur-, zeit- und raumlos.

Traumzeit heißt in Australien »die ferne Zeit der Geistahnen«.

>»Die Geistahnen der Traumzeit hatten übernatürliche Kräfte und konnten sich nach Belieben in einen Menschen, ein Tier oder eine andere Form verwandeln.
>Nach ihrem Schöpfungswerk kehrten sie ins Land oder ins Meer zurück, oder sie erhoben sich in den Himmel.
>… Die Traumzeit ist ununterbrochen und gegenwärtig – ein Lebenszyklus ohne Anfang und Ende, eine parallele Realität, die alles enthält.«
>
> (Wayne Armytage 2000)

In diesen Worten über die Traumzeit von Wayne Armytage, Sohn von Peter Costello, einem der letzten großen Schamanen der Aborigines, spiegelt sich noch einmal eindrücklich die Weltordnung wider, wie wir sie im Ur-Pentagramm in den Höhlen gefunden haben: Wesenskräfte, die sich zu Menschen, Tieren und anderen Formen wandeln können, die fern und doch ununterbrochen gegenwärtig sind. In diese Seinsschicht reisen wir und werden so eins mit dem Universum, jener »parallelen Realität, die alles enthält«. Diese Realität ist nicht in uns drin, sie ist überall gegenwärtig. Nur so kann sie uns mit Lebenskraft versorgen.

RÜCKKEHR, HEILUNG UND INTEGRATION

> Möge das große Geheimnis
> dir seine auserwählten Gaben senden.
> Mögen Vater Sonne und Mutter Mond
> ihre mildesten Strahlen
> über dich ergießen.
> Mögen die vier Winde des Himmels
> sanft über dich dahinwehen
> und über die,
> mit denen du dein Herz
> und dein Haus teilst.
>
> *Indianischer Segenswunsch,*
> *den Coahuila zugeschrieben*

RÜCKKEHR VON DER SCHAMANISCHEN REISE

Vier mal sieben Trommelschläge, zwei Minuten schneller Trommelrhythmus und noch einmal die 28 Trommelschläge – so rufen und begleiten wir in den Seminaren die Teilnehmerinnen und Teilnehmer in die Alltagswirklichkeit zurück. Ein kurzes Ritual für zwei Vorgänge:

- Die Rückkehr des Bewusstseins aus den Weiten des Universums in die Mauern der Alltagswirklichkeit: Erwachen des Bewusstseins.
- Die Transformation der universellen *Kraft* in wahrnehmbare Wirkung in der Alltagswirklichkeit: spirituelles Heilen.

Während des Rückrufes durch die Trommelrhythmen muss das Bewusstsein aus der Trance in den gewohnten Wachzustand zurückkehren. Dabei geschieht viel mehr als eine einfache Veränderung des Bewusstseinszustandes, als das Umschalten der Frequenz der Hirnwellen. Es ist nicht einfach der »Switch« von einer Wirklichkeit zur andern. 20 000 Jahre Bewusstseinsentwicklung haben wir hinter uns gelassen, als wir in die Höhlen hinuntergestiegen sind zu den Urgestalten unseres Bewusstseins. Mit dem Tiergeist und den Urahnen als Verbündete haben wir uns in der Tiefe der Urmutter des Lebens mit der universellen *Kraft* vereinigt. Dorthin führt die schamanische Reise. Sie ist die Rückkehr hinter den Kristallisationspunkt unseres Bewusstseins zurück in die Alleinheit mit dem Universum – begleitet und beschienen vom Mond der bewussten Wahrnehmung. Aus jener fernen Urzeit ruft uns das Rückholsignal der Trommel zurück in die heutige Zivilisation. Dasselbe passiert, wenn am Morgen der Wecker klingelt. Aus dem Schlaf erwacht das Alltagsbewusstsein und mit ihm die Alltagswirklichkeit.

Aus der Sicht der Schamanen ist Heilen ein Zurückführen des kranken Wesens in die Harmonie des Universums. In einem kranken Wesen herrscht Disharmonie:

- es fehlen wichtige Lebenskräfte;
- es sind die falschen Kräfte am Werk;
- der Fluss und Austausch der Lebenskräfte ist gestört.

Nach denselben Grundsätzen heilt auch der heutige Schulmediziner. Er konzentriert sich dabei auf den »materiellen« Organismus. Er untersucht das Blut des Patienten, um einerseits einen Mangel an wichtigen Stoffen, z.B. Vitaminmangel, andererseits eine Infektion mit Bakterien oder Viren festzustellen. Außerdem untersucht er die Organe, ob sie ihrer Bestimmung gemäß funktionieren. Im Grunde untersucht der Arzt, ob im Organismus alle Lebensprozesse in Übereinstimmung mit den biologischen, chemischen und physikalischen Gesetzmäßigkeiten zusammenwirken. Um genau diese Harmonie geht es auch dem Schamanen – nur in spiritueller Hinsicht.

Aus Erfahrung wissen die Schamanen, dass dort, wo die *Kraft* ist, Heilung geschieht. Dort wird die Rückkehr zum harmonischen Zusammenwirken aller Lebensprozesse begünstigt. So kann der Schamane oder die Schamanin den Kranken auf zwei Arten mit der Heilkraft in Berührung bringen:

- An einem Kraftplatz, dort, wo viel *Kraft* ist, findet Heilung statt, dort können auch Wunder geschehen. Der Schamane ruft seine Verbündeten auf einen Heilplatz und bittet sie, dort die *Kraft* zur Wirkung zu bringen. (Wallfahrtsorte sind solche Plätze voll Wunder- und Heilkraft – dank der Anwesenheit spiritueller Wesenheiten.)

- Der Schamane bringt die Heilkraft von der Jenseitsreise zurück und überträgt sie in einem Ritual auf den Klienten, z.B. indem er sie »einbläst«.

DIE SANDBILDER DER NAVAJOS

Heilrituale sind inszenierte *Kraft.* Sie bringen in der Alltagswirklichkeit jene Kraft zur Wirkung, die in der Nichtalltäglichen Wirklichkeit von den Verbündeten geschenkt wird. Der Schamane singt, tanzt, rezitiert, erzählt, malt, formt die Heilkraft, die er von der Reise zurückgebracht hat. Er lässt sie vor den Augen der Menschen Gestalt und Form annehmen, sie wird zu einem Ereignis, das alle Anwesenden berührt und heilt, nicht nur den Kranken. Die Sandbilder der Navajo-Indianer sind ein gutes Beispiel dafür. Im Rahmen mehrtägiger Heilzeremonien, so genannter Chantways, wird mit dem Singen von Chants (Heillieder), mit Gebeten, rituellen Handlungen und Sandbildern ein Ursprungsmythos inszeniert: die Reise eines Helden oder einer Heldin ins Land der Götter, um dort Wissen und Heilkraft zu erlangen. Auf der Erde werden mit verschiedenfarbigem Sand, aber auch zerriebenen Blättern, Mehl und Holz große Bilder gestaltet: einfache geometrische Formen in klaren Farben, Sonne und Mond, stilisierte Tiere und Pflanzen – alles auf ein Zentrum hin angeordnet, Mandalas von archaischer Ausdruckskraft.

Ist das Bild fertig, wird der Kranke herbeigerufen. Der Schamane überträgt in verschiedenen rituellen Handlungen wie Berührungen und Benetzungen die Kraft aus dem Bild auf den Kranken. Danach wird das Bild wieder zerstört. Das mit Hingabe in vielen Stunden Arbeit erschaffene Bild wird aufgelöst, der Sand in eine Decke geschüttet und in Richtung Norden fortgetragen, in die

Nacht, wo neue Kraft ihn beseelen kann. Mircea Eliade schreibt über das Sand-Mandala:

> »Es stellt sowohl den Kosmos in Miniatur als auch den Götterhimmel dar. Seine Ausführung kommt einer magischen Neuschöpfung der Welt gleich. [...] Der Kranke, der symbolisch zu einem Zeitgenossen der Weltschöpfung gemacht wurde, taucht ein in die Fülle des Ursprungs; er läßt sich von gigantischen Kräften durchdringen, die [zu jener Zeit] die Schöpfung ermöglicht haben.«　　　　(Eliade 1988, S. 33)

Wird der Kranke mit diesen gigantischen Schöpfungskräften in Berührung gebracht, wird er selbst neu geschaffen, er findet sich neu eingebettet in die Harmonie mit der ganzen Schöpfung. Dadurch wird er geheilt. Diese Inszenierungen der Schöpfungskräfte machen den Schamanen zum Künstler, Sänger, Schauspieler. Oft agiert er in beiden Wirklichkeiten gleichzeitig. Oder anders gesagt: Der Schamane verwandelt den Heilplatz zu einem Ort in der Nichtalltäglichen Wirklichkeit. Er ruft die Geister herbei und lässt so den Heilplatz zum Zentrum der unendlichen Bühne des Universums werden. Ihre unsichtbaren Verbündeten werden zu Mitspielern. Alltagswelt und Universum werden zu einer Wirklichkeit, Geister und Menschen zu einer Gemeinschaft. Der Heilplatz verwandelt sich in einen von Geistern bewohnten Kraftraum. Ein solches Verwandlungsritual ist das Ritual des bebenden Zeltes.

DAS BEBENDE ZELT

Åke Hultkrantz berichtet, das Ritual des bebenden Zeltes sei vor allem noch bei den Algonkin-Indianern angewandt worden. Hier unternimmt nicht der Schamane die Seelenreise, sondern er schickt seine Hilfsgeister aus. Nachdem ein Zelt in Form einer halbrunden Kuppel gebaut ist, lässt sich der Schamane darin mit starken Lederriemen fesseln. Er beginnt mit lauter und eindringlicher Stimme zu singen und seine Rassel zu schütteln, angefeuert von den dumpfen Trommelschlägen und Gesängen der um das Zelt versammelten Menschenmenge. Der Schamane steigert die Intensität seines Gesanges, bis endlich der Hauptgeist, meist Mikenak, die Schildkröte, eintrifft und noch eine Reihe weiterer Hilfsgeister herbeiruft.

Ein Miszassini (nördlicher Cree) erzählt, man sehe dann, wie die Tatzen eines Bären, der Kopf eines Bibers und ein zappelnder Fisch aus der Leinwand des Geisterzeltes hervorkämen. Die Zuschauer sehen es ganz deutlich mit eigenen Augen und starren atemlos auf diese Stelle...

>Während all dieser Ereignisse und während der ganzen Séance schwankt das Zelt in geheimnisvollen Schwingungen. [...] Jetzt werden dem obersten Hilfsgeist Fragen gestellt. Er gibt durch den Mund des Schamanen Antwort. Die meisten Fragen und der Großteil des Gesprächs betreffen Prophezeiungen in bezug auf verschwundene Menschen und Gegenstände sowie Vergangenes und Zukünftiges. Auch Krankheiten und ihr Ursprung und zu erwartender Verlauf sind Themen.« (Hultkrantz 1994, S.79)

SEELENRÜCKHOLUNG

Natürlich wird über die Krankheiten der Menschen nicht nur gesprochen, die Geister heilen sie auch. Der Platz, an dem das bebende Zelt steht, wird durch dieses Ritual zu einem bleibenden Kraftplatz, an dem sich die Leute immer wieder zu Heilungen einfinden.

Typisch für das Wirken der Schamanen ist auch die *temporäre Besessenheit:* Der Schamane übergibt sich für die Zeit der Heilzeremonie einem Geist. Nicht das Ich des Schamanen, sondern der Geist wirkt also durch ihn. Das kann einer seiner Hilfsgeister sein, aber auch ein Krankheit verursachender Geist, den er vom Patienten übernimmt und in die Nichtalltägliche Wirklichkeit zurückbringt. In folgendem Bericht über einen Schamanen der Jukagiren, einem nordsibirischen Volksstamm, kommen beide Arten von Besessenheit vor, mit deren Hilfe die verlorene Seele des Kranken heil aus der Nichtalltäglichen Wirklichkeit zurückgebracht wird.

»Der Schamane setzt sich auf den Boden und, nachdem er lange getrommelt hat, ruft er seine Schutzgeister an. Indem er Tierstimmen nachahmt: ›Meine Ahnen‹, ruft er, ›kommt zu mir. Kommt mir zu Hilfe, meine jungen Geistermädchen! Kommt her…‹ Er beginnt wieder zu trommeln, richtet sich, unterstützt von seinen Gehilfen, auf, begibt sich zur Tür und atmet tief ein, um die Seelen der Ahnen und die anderen Geister, die er beschworen hat, sich einzuverleiben. ›Die Seele des Kranken hat sich, scheint es, zum Reich der Schatten gewandt!‹ verkünden durch seinen Mund die Geister der Ahnen. Die Angehörigen des Patienten ermuntern ihn: ›Sei stark! Sei stark!‹ Der Schamane legt seine Trommel nieder und streckt sich bäuchlings auf der Rentierhaut aus; er bleibt unbeweglich, das Zeichen dafür, dass er seinen Körper verlassen hat und im Jenseits herumreist. Er ist zum Schattenreich hinabgestiegen, ›durch seine Trommel, wie wenn er in einen See untergetaucht wäre‹. Er blieb lange Zeit, ohne sich zur rühren, und alle Anwesenden warten geduldig.«

In diesem Beispiel ruft der Schamane zunächst die Geister zu sich, dann reist er in die Nichtalltägliche Wirklichkeit auf der Suche nach der verlorenen Seele. Später erzählt der Schamane dem Berichterstatter von seiner Reise zum »Reich der Schatten«:

»Er kam vor ein kleines Haus und traf auf einen Hund, der zu bellen anfing. Eine alte Frau, die Hüterin des Wegs, kam aus dem Haus und fragte ihn, ob er für immer gekommen sei oder nur für einige Zeit. Der Schamane gab ihr keine Antwort und sagte zu seinen Geistern: ›Hört nicht auf die Worte der Alten! Geht weiter auf eurem Weg.‹ Bald danach kamen sie an einen Fluß, an dem ein Boot lag; auf dem anderen Ufer bemerkte der Schamane Zelte von Menschen. Der Schamane bestieg das Boot und überquerte den Fluß, immer in Begleitung seiner Geister. Er traf die Seelen der toten Verwandten des Kranken, und als er ihr Zelt betrat, entdeckte er dort auch die Seele des Kranken selbst. Da die Verwandten sie ihm nicht herausgeben wollten, sah sich der Schamane gezwungen, sie mit Gewalt mitzunehmen. Um sie ungefährdet auf die Erde zurückzubringen, atmete der Schamane die Seele des Kranken ein und verstopfte die Ohren, so daß sie nicht entkommen konnte, […] und nachdem er zurückgekommen war, fügte er die Seele wieder in den Körper des Kranken ein. Dann wandte er sich zur Türe und schickte seine Hilfsgeister wieder fort.«

(Eliade 1956, S. 238)

Dies ist ein eindrückliches Beispiel für eine Seelenrückholung. Der Kranke hatte einen »Teil« seiner Seele verloren, die der Schamane den »Vorverstorbenen« des Kranken entreißen muss. Dieser Jukagiren-Schamane erlebt die Nichtalltägliche Wirklichkeit nicht als ein Meer der *Kraft*. Vielmehr begegnet sie ihm als eine *Parallelwelt* zu seiner Alltagswirklichkeit. Er reist durch Gegenden und trifft auch Menschen, die ihm dieselben Schwierigkeiten bereiten, wie sie auch im Alltagsleben vorkommen, vermischt mit ungewöhnlichen, ja teils absurd klingenden Ereignissen: etwa die Seele eines anderen Menschen einzuatmen und sich gegen deren Entweichen die Ohren zuzustopfen.

METAPHERN DER *KRAFT*

Ähnliche Berichte über Begegnungen mit der *Kraft* finden sich zuhauf in der Literatur, aber auch in den Berichten heutiger westlicher Praktikerinnen und Praktiker des Schamanismus. Das hat einen Grund: Wir können die *Kraft* immer nur an ihren Wirkungen erkennen. Und was ist einfacher, als sie in unseren eigenen Bildern zu erkennen. Die *Kraft* füllt gleichsam unsere Erinnerungsbilder auf, belebt sie. Aber es sind nicht Erinnerungsbilder persönlicher Erlebnisse. Offenbar ist die Bildersprache des Erkennens der universellen *Kraft* auch universell.

In der Nichtalltäglichen Wirklichkeit begegnen uns Bilder, die in allen Mythologien rund um die Welt vorkommen. Ich nenne sie *Metaphern der Kraft*. In der geschilderten Reise des Jukagiren-Schamanen finden sich folgende:

- die Hüterin der Unteren Welt;
- der Fluss, als Trennung zwischen der Welt der Lebenden und jener der Seelen;
- das bereitstehende Boot und die Überfahrt über den Totenfluss, die immer nur in einer Richtung gemacht wird;
- der Atem als Träger der Seele – der Lebensodem, das Einhauchen der Seele.

Nur der Schamane kehrt aus dem Seelenreich wieder zurück. Er verkörpert die Metapher des Wanderers, Brückenbauers, Mittlers zwischen den Welten. Er ist eine der fünf Gestalten, als die sich das erwachende Bewusstsein vernimmt.

Aus psychologischer Perspektive werden *die Metaphern der Kraft* Archetypen genannt. Seit C.G. Jungs Arbeiten über die Archetypen und das kollektive Unbewusste haben sich diese Begriffe durchgesetzt. Ich ziehe den Begriff *Metaphern der Kraft* vor. Eine Metapher vermittelt die Kraft, sie ist nichts als eine Hülle, eine Form, in die sich die Kraft ergießen kann. Durch die Metapher kann die Kraft wirken, für uns Wirklichkeit werden. Das ist ihre Bedeutung: Vermittlung der *Kraft*. Im Begriff Archetypus schwingen viele psychologische Implikationen mit, vor allem im Zusammenhang mit der Dynamik des Unbewussten. Ebenso wird den Archetypen eine symbolische Bedeutung zugesprochen. Metaphern dagegen übertragen die *Kraft* vor jeder symbolischen Bedeutung. Dennoch gibt es Berührungspunkte, die hier nicht dargelegt werden können.

SCHAMANISCHES HEILEN
IM 21. JAHRHUNDERT

Wie bringen heutige schamanische Praktiker die Kraft
zum Klienten? Wie finden sie diese überhaupt? Hier einige Auszüge aus Berichten über Heilreisen. Gabriela reiste
zu ihren Verbündeten, um Daniel zu helfen. Der 30-jähri-
ge Daniel war zwei Jahre nach der Trennung noch völlig
von seiner Ex-Partnerin abhängig, und das, obwohl er damals die Trennung initiiert hatte. Gabriela schildert:

»Drüben erwartete mich schon mein Lieblingskrafttier,
der Hirsch. Ich trug ihm mein Anliegen vor. Er schaute sehr ernst, forderte mich auf, bei ihm aufzusitzen. Er
galoppierte mit mir über Wiesen und durch Wälder,
hob schließlich ab und flog hoch zum Felsenhorst der
›Adlerin‹. Gemeinsam ging die Reise weiter zu einem
Wasserfall, der über hohe Felsen in die Tiefe stürzte.
Der Hirsch setzte mich beim Wasserbecken unten am
Wasserfall ab und sagte mir, nun müsste ich alleine
weiter. Ich müsse hinter das tosende Wasser schwimmen. Die Adlerin kreiste über uns.
Der Weg hinter den Wasserfall war beängstigend und
schwierig. Das Wasser war dunkel, voller Strudel,
überall drohten spitze Felszacken. Mir wurde klar, ich
hatte eine schwierige Aufgabe vor mir. Doch ich hatte
mein Ziel vor Augen. Und ich erinnerte mich, dass ich
dieses Ziel nie und nimmer aus den Augen verlieren
durfte. Als ich endlich hinter dem tosenden Wasservorhang angekommen war, türmten sich steile, schwarze
Felsen vor mir auf. Mit letzter Kraft kletterte ich den
glitschigen Fels hoch. Plötzlich erreichte ich eine Höhle. ›Was soll ich hier?‹ Einer Eingebung folgend wisch-
te ich mit meinen Händen über das Gestein, und siehe
da: Ein Muster kam zum Vorschein, ich sah und fühlte
ein Muster wie einen Schutzschild. Ich nahm ihn an
mein Herz, kletterte hinunter und schwamm zurück.
Es war, wie wenn ich durch einen Hexenkessel zurückkehren müsste. Den Schild fest an meine Brust
gepresst, kämpfte ich gegen die wild tobenden Wasser.

Total erschöpft erreichte ich den Hirsch, der sofort losgaloppierte, über uns laut kreischend die Adlerin. Dunkle Winde peitschten uns entgegen, aus dem Dickicht schälten sich bedrohliche Gestalten. […] Ich atmete auf, als ich endlich wieder auf meiner Farmwiese angekommen war. Sofort zeichnete ich das Schutzmuster für Daniel auf und überreichte es ihm.«

Wieder zieht das Wasser die Grenze zwischen den Welten, diesmal der Wasservorhang eines Wasserfalles. Gabriela musste sich auf ihrer Reise in ähnlicher Weise gegen widerwärtige Kräfte durchsetzen wie der Jukagiren-Schamane: Dieser Kampf stärkt die Absicht und in diesem Falle auch den Schutzschild. Gabriela materialisiert die Kraft des Schutzschildes in der Zeichnung. Die Geister hätten ihr auch auferlegen können, ihn in einem bestimmten Material herzustellen oder Daniel in einem Ritual zu zeigen, wie er ihn einzusetzen hat, wie er die Kraft des Schildes zur Wirkung bringen kann. So entstehen schamanische *Kraftobjekte*.

KRAFTOBJEKTE

Kraftobjekte sind materialisierte *Kraft* und Wissen, die von den Geistern geschenkt wurden und durch ein Ritual evoziert werden können. Neben Kraftschildern sind Steine, behauene, aber auch naturbelassene Edelsteine, Vogelfedern, mit Symbolen versehene Holzstäbe, Knochen, Krallen weit verbreitete Kraftobjekte. Die alten Schamanen hielten ihre mächtigsten Kraftobjekte im so genannten Medizinbeutel verborgen und setzten jedes von ihnen zum Hervorrufen einer ganz bestimmten *Kraft* ein. Kraftobjekte haben aber keine Bedeutung, sie sind nicht Symbole, sie sind Träger von Kraft, Werkzeuge der Kraft.

Gabriela erfuhr später von Daniel, dass ihm sein Schild half, alte unerfüllte Sehnsüchte in Bann zu halten, die ihn an seine Ex-Partnerin geketett hatten. Ein sehr verbreitetes Ritual, Heilkraft zu überbringen, ist das »Zurückbringen eines Krafttieres«.

ZURÜCKBRINGEN EINES KRAFTTIERES

Krafttiere sind nicht nur Helfer und Verbündete der Schamanen, sie sind spirituelle Lebensgefährten jedes Menschen. Immer schon waren die Tiere des Menschen nächste Verwandte, gleichzeitig sind sie die ursprünglichen Bewohner der Erde, aus ihr geboren, vertraut mit deren Geheimnissen, Gesetzen und Rhythmen. Kinder strecken liebevoll die Hand nach Tieren aus, um sie zu streicheln.

Im Tier begegnen wir der ursprünglichen Lebenskraft unmittelbar. Als biologische Wesen sind wir dem Tier zum Teil nahe und wir ernähren uns von Tieren. Als Seelenwesen ist das Tier Mittler der universellen *Kraft*. Dieses Wissen haben die Schamanen immer schon genutzt. Das Tier ist eines der fünf Grundgestalten des Bewusstseins.

Leidet ein Mensch an Kraftlosigkeit, Erschöpfung, erhöhter Krankheitsanfälligkeit, chronischen Krankheiten oder Depression, kann ein Mangel an Vitalkraft vorliegen. Dieser Mensch ist abgekoppelt vom Kreislauf der Kraft, nicht mehr in Übereinstimmung mit den Lebensrhythmen. Sucht er einen Schamanen auf, wird dieser eine diagnostische Reise zu seinen Verbündeten unternehmen. Es ist gut möglich, dass er dabei zu einem Krafttiergeist für jenen kranken Menschen geführt wird. Er überbringt das Krafttier durch Einblasen in das Herz und in den Scheitel des Patienten. Das Einhauchen des Lebensodems ist ein uraltes Ritual der Kraftübertragung. Gemäß dem christlichen Mythos hat Gott den ersten Menschen die Seele eingehaucht.

Manche Klienten fühlen sich tief berührt und glücklich nach dem Einblasen »ihres« Krafttieres. Etwas von der kindlichen Verbundenheit mit dem Tier und somit mit der Natur leuchtet wieder auf in ihren Augen. Dann aber fragen sie meist sofort: »Was bedeutet der Bär für mich?« – Sie beginnen ihr Krafttier auf ein Symbol zu reduzieren, das ihnen »etwas sagen will«. Sie meinen, der Bär, Adler, Delphin oder irgendein anderes Tierwesen stehe für eine Botschaft über ihre Krankheit oder gar über ihren Charakter. Die zoologischen Eigenheiten des Tieres werden als Aufforderung, gewisse Eigenschaften zu erlernen, gedeutet, wie dies in vielen Krafttier-Büchern gemacht wird. So steht bei Sun Bear: »Die Beschäftigung mit dem Bären kann dich Überlegenheit, Lebensfreude, langsame und stetige Bewegung, Fairness, Mut, Kraft, Heilung und Wissensvermittlung lehren« (Sun Bear 1993, S. 337).

Aber so wie das Ritual des Einblasens des Krafttieres nicht die *Kraft* ist, so »entschlüsselt« die symbolische oder biologische Deutung des Tieres nicht die Kraft. Im Krafttier hat die *Kraft* Gestalt angenommen, über das Krafttier können wir sie zu uns nehmen. Es ist Vermittler der verlorenen Vitalkraft.

KRAFTTIERTANZ

Der einfachste Weg, sich diese Kraft einzuverleiben, ist der Krafttiertanz. Man bittet das Krafttier, es möge in den Körper kommen und im Körper seine Kraft tanzen. Dabei wird nicht die Gangart eines Vierbeiners imitiert. Es ist die *Kraft*, die gerufen wird, die nach einiger Zeit die eigenen Bewegungen kräftiger werden lässt, das Gehen steigert sich zu einem Tanzen, vielleicht sogar Singen: Der Körper beginnt sich mit der vermittelten Vitalkraft aufzufüllen.

SEELENRÜCKHOLUNG

Der Jukagiren-Schamane hat dem kranken Menschen die Seele aus der Nichtalltäglichen Wirklichkeit zurückgebracht. Er fand sie jenseits des Totenflusses bei den Seelen der Ahnen. Seltsam, die Seele weilt schon bei den Toten, dennoch lebt der Mensch weiter, wenn auch krank und schwach. Die Amerikanerin Sandra Ingerman hat diesen Widerspruch gelöst. Sie ist Psychologin und hat 1985 die Seelenrückholung wieder entdeckt. Ingerman sagt, dass Teile der Seele einen Menschen verlassen, um sich vor einem Trauma zu schützen; Seelenteil-Abspaltung ist gleichsam ein Überlebensreflex angesichts eines schweren Unfalls, einer lebensbedrohlichen Krankheit, einer Narkose, eines Missbrauchs.

> »Das, was als Seelenverlust bezeichnet wird, ist im Grunde genommen etwas Wunderbares, das geschieht, damit man seinen Schmerz oder Schock überlebt. Wenn ich zum Beispiel in einem Auto sitze, das mit einem anderen Wagen zusammenstößt, so ist mein Körper der letzte Ort, wo ich sein möchte. Ich könnte den Schmerz und den Schock nicht überleben. So hat die Psyche den brillanten Mechanismus des Selbstschutzes [...].« (Ingerman, Interview 1999, S. 37)

Der abgespaltene Teil der Seele kann nach dem Trauma zurückkehren und das Lebewesen gleichsam mit heil gebliebener Seelenkraft wieder beseelen. Unfallopfer berichten z.B., sie hätten den Zusammenstoß der beiden Autos gleichsam aus einer Beobachterposition miterlebt; Operierte berichten, sie hätten die Operation von oben beobachtet, sie können sich an die Gespräche der operierenden Ärzte erinnern. Dies könnten Beispiele dafür sein, dass die Seele außerhalb des bedrohlichen Geschehens weilt. Doch warum kehrt sie manchmal nicht zurück, nachdem alles vorbei ist? Wir wissen es nicht.

Wir wissen nur, dass in vielen schamanischen Traditionen Seelenrückholung ein mit Erfolg angewandtes Heilritual ist. Neben der Seelenflucht kennen sie auch den Seelenraub oder das freiwillige Schenken von Seelenkraft aus Liebe.

Ist die menschliche Seele wirklich teilbar? Niemand vermag diese Frage zu beantworten, genauso wenig wie die Frage, was denn die Seele eigentlich sei. Von den Ägyptern über Platon, Aristoteles, Descartes, Leibniz bis zur Psychologie – der modernen Wissenschaft von der Seele – wurde sie immer wieder in Abhängigkeit von den aktuellen Denkströmungen definiert, bis hin zu ihrer Leugnung in der Verhaltenspsychologie. Sandra Ingerman umschreibt die Seele als vitale Essenz, als Essenz der Lebenskraft.

Die Schamanen brauchten sich bei solchen Fragen nicht aufzuhalten. Ihre Verbündeten führten sie zu Seelenteilen von Klienten, und wenn sie diese zurückbrachten, heilte das beklagte Leiden aus. Das ist empirisches Wissen. Auch heutige schamanische Praktiker und Praktikerinnen werden auf ihren diagnostischen Reisen von ihren Verbündeten zu den verlorenen Seelenteilen ihrer Klienten geführt. Und genauso wie bei der Rückholung eines Krafttieres bringen sie dem Klienten die Seelenteile zurück und blasen sie durch das Herz und den Scheitel ein. Bei der Seelenrückholung wird unversehrte Wesenskraft zurückgebracht – es wird nicht einfach das alte Trauma neu inszeniert. Dennoch kann die Integration dieser wieder gefundenen Seelenkraft starke emotionale Reaktionen auslösen.

Sandra Ingerman wusste nichts von schamanischer Seelenrückholung, als ihr 1985 während eines Seminars mit Michael Harner in Nevada die Verbündeten diese Methode beibrachten. Sie reiste für eine junge Frau, deren Vater sie mit drei Jahren sexuell missbraucht hatte, und wurde von ihrem Krafttier zu jenem Teil der Seele der jungen Frau geführt, der sich angesichts des väterlichen Übergriffs in die Nichtalltägliche Wirklichkeit abgesetzt hatte – ein Schutzreflex, um das Trauma zu überleben. Sandra Ingerman erinnert sich:

> »Mein Krafttier zeigte mir also, wie ich die Seele zurückgewinnen und sie an bestimmten Körperstellen wieder einhauchen kann. Das Leben dieser Frau hat sich danach sehr verändert. [...] Sie konnte ihrem Vater vergeben. Danach fühlte sie sich so, daß sie endlich in ihrem Körper zuhause war.«
>
> (Sandra Ingerman 1999, S. 38)

Sandra kehrte nach Santa Fe zurück, wo sie noch heute als Psychotherapeutin tätig ist. Sie wandte die neue Methode über ein Jahr an vielen Menschen mit großem Erfolg an, bevor sie mit Michael Harner darüber sprach. Von ihm erfuhr sie, dass die Geister durch sie eine uralte schamanische Heilmethode in unsere Zeit zurückgebracht hatten.

Seither erforscht, praktiziert und lehrt Sandra Seelen-rückholung. Dem Vorbild Harners folgend, hat sie die Technik aus der Tradition herausgelöst und an unsere heutigen Verhältnisse und psychologischen Kenntnisse angepasst. Heute ist Seelenrückholung eine der wichtigsten Techniken des Core-Schamanismus. Sandra hat darüber zwei Bücher veröffentlicht, die auch in deutscher Sprache vorliegen (Sandra Ingerman 1998 und 1999).

Das Modell der Rückholung verlorener Seelenteile hat sich während vieler Generationen und in vielen Traditionen bewährt, es ist »*time proofed*«, wie Michael Harner sagen würde, es leuchtet den Menschen ein und es ist einfach zu praktizieren. Darum wirkt es heilsam. Seelenrückholung ist der schamanische Weg zur inneren Ganzheit.

SCHAMANISCHE EXTRAKTION

Bisher haben wir uns mit Ritualen befasst, die *Kraft* aus der Nichtalltäglichen Wirklichkeit zum Klienten in die Alltagswirklichkeit bringen oder zurückbringen. Natürlich kommt auch das Gegenteil vor: Menschen werden von Kräften beeinflusst, denen sie nicht gewachsen sind, die von ihnen zehren. Darum sucht der Arzt nicht nur danach, was uns fehlt. Er sucht auch nach dem, was in unserem Körper zu viel sein könnte. Uns allen bekannt sind die Infektionskrankheiten, Mikroorganismen breiten sich in uns aus, verbrauchen unsere Lebenskraft oder hinterlassen giftige Stoffwechselprodukte. Der Körper versucht diese zu verbrennen durch Anheizen der Körpertemperatur, was wir als Fieber erleben. Verbrennung ist eine Transformation der Energie, kein Vernichten.

In diesem Sinne gehen auch die Schamanen mit den so genannten Eindringlingen um: Sie werden herausgezogen, extrahiert und in den Kreislauf der Natur zurückgegeben. Zunächst müssen die Eindringlinge lokalisiert werden. Der Schamane macht dies auf einer schamanischen Reise. Er bittet seine Verbündeten, den Körper des Klienten, der Klientin wie unter dem Röntgenapparat durchleuchtet zu zeigen. Die Fremdenergien können sich dem Schamanen in vielfältiger Weise zeigen, u.a. auch als rostige Nägel, als Scherben, als stinkende Brühe. Wieder sagt die Erscheinungsform nichts aus über das Wesen dieser Energien. Sie werden nur einfach greifbar.

Der Schamane vereinigt sich in Trance mit seinem Krafttier und packt gleichsam mit dessen Klauen den Schrott im Körper und übergibt ihn der Erde, dem Feuer oder dem Wasser, wo die Energien transformiert und in den ewigen Kreislauf der *Kraft* zurückgeführt werden. In allen schamanischen Traditionen gibt es auch Saugschamanen. Sie nehmen einen Schluck Wasser in den Mund, saugen die Fremdenergien da hinein und speien das Wasser in ein Gefäß. Das Wasser muss sich für den Klienten sichtbar verfärbt haben oder Sand, ja ein kleiner Kieselstein, muss vorhanden sein, damit der Schamane glaubhaft machen kann, dass er den Eindringling wirklich gefasst hat. Kein anderes Heilritual diente so sehr als Prüfstein der Heilkunst der Schamanen wie das der Extraktion. Hören wir den Bericht eines indianischen Stammesangehörigen, der auszog, die Schamanen als Trickster zu entlarven.

QUESALID UND DIE KRAFT DER RITUALE

Quesalid hat in der Kwakiutl-Sprache das Fragment einer Autobiografie hinterlassen, das 1930 übersetzt und veröffentlicht wurde. Dieses Zeugnis ist besonders interessant, weil Quesalid in der Tradition des Schamanismus aufgewachsen ist. Die Mehrzahl der Berichte über das Wirken der Schamanen stammt von weißen Soldaten, Missionaren oder wissenschaftlich ausgebildeten Anthropologen. Quesalid war offenbar innig beseelt vom Wunsch, die Schamanen der Betrügerei zu überführen. Die Neugier trieb ihn immer wieder in ihre Nähe und er schaute ihnen dermaßen genau auf die Finger, dass einer der Schamanen ihn schließlich aufforderte, sein Schüler zu werden. Der Ethnologe Claude Lévi-Strauss schreibt:

»Quesalid ließ sich nicht lange bitten, und sein Bericht beschreibt mit allen Einzelheiten, wie seine ersten Lektionen verliefen: eine seltsame Mischung aus Pantomime, Gaukelei und empirischen Kenntnissen, darunter die Kunst, Ohnmachten zu heucheln, Nervenanfälle vorzutäuschen, die Lehre magischer Gesänge, die Technik, sich selbst zum Speien zu bringen, und ziemlich präzise Kenntnisse in der Praxis der Auskulation und der Geburtshilfe, die Einsetzung von ›Träumern‹, das heißt von Spionen, die die privaten Unterhaltungen belauschen und den Schamanen Elemente der Information über das Herkommen und Symptome der Krankheit verschiedener Leute berichten müssen, und besonders die *ars magna* [hohe Kunst] einer bestimmten Schamanenschule der Nordwestküste des Pazifik, das heißt, den Gebrauch eines kleinen Federbüschels. Welches der Praktiker in einer Höhle seines Mundes verbirgt, um es im gegebenen Moment ganz blutig wieder auszuspucken, nachdem er sich auf die Zunge gebissen oder das Blut aus dem Zahnfleisch gesaugt hat, und es dem Kranken und den Umstehenden feierlich präsentiert als den pathologischen Körper, der dank seiner Manipulation ausgestoßen wurde.«
(Claude Lévi-Strauss 1991, S. 192ff.)

Offenbar bekräftigten solche Erfahrungen während der Lehrzeit Quesalid in seinen Annahmen, die Schamanen seien Betrüger. Über all diese Machenschaften berichten viele Forscher (siehe z.B. Hultkrantz). Und es ist Wasser auf die Mühlen heutiger Kritiker des Schamanismus. Jeder aufgeschlossene, fortschrittlich gebildete Mensch hält den Schamanen solches entgegen. Selbst schamanische Praktiker in den Seminaren scheinen oft nicht an die Wirkung der Kraftrituale zu glauben. Sie erschrecken, wenn das Ritual Wirkungen zeigt, die nicht auch rational erklärt werden können.

Doch Quesalid ging deswegen nicht gleich auf Distanz zum Schamanismus. Im Gegenteil: Offenbar hatte sich bei seiner Stammesgemeinschaft herumgesprochen, dass er bei einem Schamanen in der Lehre sei. Eines Tages wurde er von der Familie eines Kranken gerufen, der von Quesalid als seinem Retter geträumt hatte. Quesalid ging zum Kranken. Er hätte sich ohnehin nicht verweigern können. Wie bereits erwähnt, entspricht es dem Werdegang eines Schamanen, dass er durch seine Lebensgemeinschaft auserkoren wird, indem er aufgefordert wird, Kranke zu heilen. Ironischerweise hatte Quesalid genau mit jener von ihm als Täuschungsmanöver entlarvten Saugmethode beim Kranken Erfolg. Der Kranke erklärte sich als geheilt.

Quesalid spuckte die Krankheit als einen blutigen Wurm aus, der nichts weiter war als der zuvor in seinem Mund verborgene Federbüschel. Quesalid galt fortan als großer Schamane. Er selbst blieb skeptisch und erklärte sich den Heilerfolg als Wirkung psychologischer Gründe: »… da der Kranke fest an den Traum, in dem ich vorkomme, glaubt«. Dennoch fand sich Quesalid in einer misslichen Lage: Er hatte Erfolg mit einer Methode, die er eigentlich als Betrug ansah. Er rettete sich mit der interessanten Schlussfolgerung, dass es gewissermaßen Abstufungen im »falschen Übernatürlichen« geben müsse: Was ohnehin falsch war, konnte aus seiner Sicht dennoch mehr oder eben weniger falsch sein. Eine verständliche Annahme. Schamanisches Wissen ist durch Erfahrung gewonnenes Wissen.

Quesalid forschte weiter und fand sich in seinen Annahmen bestätigt. Während eines Besuches beim Nachbarstamm der Koskimo sah er, wie ein berühmter Schamane sich nur noch in die Hand spuckte und vorgab, dies sei die Krankheit. Quesalid war offenbar über das Weglassen des blutigen Federwurms entsetzt. Dieser Schamane gab einfach nur vor, das Übel gepackt zu haben. Quesalid beschrieb, dass dieser denn auch entsprechend erfolglos war. Als er beim selben Klienten seine Technik des blutigen Wurmes anwandte, gab der Klient an, geheilt zu sein. Etwas Ähnliches wiederholte sich, als die Schamanen eines Nachbarclans Quesalid zu einem Heilwettstreit herausforderten. Er hatte auch bei den für unheilbar geltenden Kranken Heilerfolge.

Beide Gruppen der Nachbarschamanen wandten ihre Heilmethoden so an, wie wir dies heute tun würden: ohne sichtbare Repräsentation der Krankheit. Quesalid aber gab seinen Klienten ein sichtbares und fühlbares Objekt in die Hand – aus der Überzeugung heraus, dass es dessen bedurfte, um erfolgreich zu heilen. Die Kranken wie auch die jeweilige Stammesgemeinschaft bestätigten dies. Während sie ihre früheren Schamanen mit Schimpf und Schande davonjagten oder diese aus Angst vor den Repressionen ihrer Gemeinschaft selbst flohen, wurde Quesalid als großer Schamane gefeiert.

Hielt er sich selbst für einen großen Schamanen? Offenbar hat sich Quesalid in seinem Bericht darüber ausgeschwiegen. Er praktizierte die während seiner Ausbildung gelernte Methode der Saugheilung mit blutiger Feder erfolgreich weiter, behielt aber sein Misstrauen und fuhr fort, andere Betrüger zu entlarven. Er schrieb:

>Nur einmal habe ich einen Schamanen gesehen, der die Krankheit durch Saugen behandelte; und ich habe nie herausbekommen können, ob er ein echter Schamane war oder ein Simulant. Nur aus einem Grunde glaube ich, dass er ein Schamane war: er erlaubte denen, die er geheilt hatte, nicht, ihn zu bezahlen. Und wahrhaftig, nicht ein einziges Mal habe ich ihn lachen sehen.«   (Claude Lévi-Strauss 1991, S. 196)

Extraktion gilt als spirituelle Operation. In der Erwartung der Menschen muss bei einer Operation Blut fließen und diese Erwartung haben die Schamanen der damaligen Zeit durch den Trick mit dem Blut getränkten Federbüschel erfüllt. Der Bericht von Quesalid zeigt deutlich, in welchem Spannungsfeld zwischen Traum und Wirklichkeit, Trance und Wachheit, Dichtung und Wahrheit, Wunder und Betrug der Schamane wirkt. Jene, die diese Spannung nicht aushalten, flüchten sich in Pauschalzuordnungen wie: »Alles nur Suggestion«, »Symptomverschiebung«, »Placeboeffekt«. Doch die Frage bleibt: Wie wirkt Suggestion, wie heilt ein Placebo, wie lassen sich Symptome verschieben? Kein anderer hat mehr Erfahrung in der Tatsache, dass die Wirklichkeit ein Produkt unseres Bewusstseins ist, als der Schamane. Wir stehen immer vor Quesalids Schlussfolgerung, dass das Falsche mehr und weniger falsch sein kann. Vielleicht verbirgt sich dahinter die mystische Dimension des Daseins.

Natürlich ließe sich aus Quesalids Bericht viel über den Beitrag der Gemeinschaft zur Wirkung von Heilritualen ableiten. Heilung muss von der Gemeinschaft getragen werden. Das ist wohl auch heute noch so. Anstelle der Gemeinschaft haben die Gesundheits-Magazin-Experten in den Medien diese Funktion übernommen. Ebenso gilt heute wie zu Quesalids Zeiten, dass Heilrituale Sofortwirkungen, eben Wunder zeitigen sollen oder andere objektive Erscheinungen das Wirken der Heilkraft dokumentieren müssen – wie der blutige Wurm, obwohl es um Veränderungen von spiritueller Kraft geht. Wir leben in einer materiellen Objektwelt und in dieser zeigt sich Kraft in Materie. So erwarten wir es.

HEILEN MIT NATURGEISTERN

Wir erinnern uns noch, mit welcher Ehrfurcht Häuptling Seattle von der Natur gesprochen hat. Schamanen leben bis heute in jener ehrfürchtigen Beziehung zur Natur. Aber nicht jeder Schamane, jede Schamanin ist ein Kräuterdoktor und eine Kräuterhexe. Sie fühlen sich mit jeder Pflanze verwandt, weil sie beseelte Wesen sind wie wir auch. Die Erde ist ihre gemeinsame Mutter. Die Schamanen reisen zum Wesen der Eiche, der Birke, der Arnika, des Johanniskrauts, der Nachtkerze, weil sie alle Vermittler des universellen Wissens und der Heilkraft sind. Sie stellen den Naturwesen drei Fragen:
- Wer bist du für mich?
- Was kannst du für mich tun?
- Was kann ich für dich tun?

Es sind dieselben Fragen, die wir Menschen uns stellen, wenn wir uns das erste Mal begegnen. Ist die Birke vor meinem Haus ein Wächter, ein Gebieter, ein Krieger, ein Heiler, ein Freund? Wir kennen alle die Geschichten über die niedlichen kleinen Baumwesen, die Zwerge, Elfen, Feen, Wichte, Gnome, die alten knorrigen Baumweisen. Wir wollen uns nicht bei der Frage aufhalten, ob es sie gibt, oder ob sie Traumgestalten sind. Wir wissen, in solchen Gestalten können die verborgenen Wesenskräfte der Pflanzen dem Menschen als Ansprechpartner begegnen. Genauso kann ich sie als Strömen in meinen Händen wahrnehmen, wenn ich den Baum umarme, oder ich kann sie als bunt leuchtenden Schein um die Blüte sehen, als nährenden Duft einatmen.

Wichtig ist, dass ich mit einem Naturwesen kommunizieren kann, damit es mir seine Geheimnisse anvertrauen kann. Dient mir die Arnika zur Ernährung oder ist sie eine Heilpflanze oder ist sie giftig und ich muss mich vor ihr in Acht nehmen? Heute können wir dieses Wissen in einem Pflanzen-Lexikon nachschlagen. Doch woher stammt all dieses Wissen? Spirituell begabte Menschen haben es über Jahrhunderte zusammengetragen. Lang wurde es mündlich weitergegeben und schließlich von Naturärzten, von Mönchen in den Klöstern aufgeschrieben. Die pharmakologische Untersuchung einer Pflanze ist erst spät aufgekommen und dient eigentlich der künstlichen Nachahmung dessen, was die Pflanze den Schamanen bereits offenbart hat, auf dass die Heilkraft der großen Masse der Menschen in den Städten zugänglich gemacht werden kann. Erinnern wir uns an die zu den Schamanen in den Urwald gesandten Ethnobotaniker.

Einzigartig in der Beziehung zwischen Schamane und Naturwesen ist die dritte Frage: Was kann ich für dich tun? Damit es wirklich zu einer ausgewogenen Beziehung wird, ein echter Austausch stattfindet, muss der Mensch seinen Anteil einbringen. Dies gebietet nicht nur die Wertschätzung der Pflanze gegenüber, sondern auch die Achtung sich selbst gegenüber als Mensch: Wir alle sind Naturwesen und können unseren Anteil zum harmonischen Zusammenleben auf dieser Erde einbringen – Naturschutz ist nur eine Möglichkeit.

Der Amerikaner Eliot Cowan berichtet in seinem Buch »Pflanzengeist-Medizin« (1994) über seinen Traum vom Spitzwegerich. Ich traf Eliot in den Catskill Mountains, USA. Er gab dort einen Workshop in der von ihm begründeten Pflanzengeistmedizin. Er hat auch bei Michael Harner Core-Schamanismus gelernt. So hätte er dieselben Erfahrungen auch auf einer schamanischen Reise machen können. Er berichtet über eine erstaunliche Antwort auf die dritte Frage »Was kann ich für dich tun?«:

»Zum ersten Mal träumte ich von einer Pflanze. Es ist der Spitzwegerich, begleitet von einer jungen Frau, deren Schultern riesige Flügel tragen. Irgendwie weiß ich, dass sie der Pflanzengeist ist. Ich gehe auf sie zu und stelle mich vor. Sie befragt mich nach dem Grund meines Kommens.
›Zuerst‹, antwortete ich, ›will ich dir danken für deine Hilfe, die du meinen Freunden und mir in all den Jahren gewährt hast. Deine Blätter heilten viele Wunden. Ich komme dich besuchen, um eine andere umfassendere Art von Hilfe von dir zu erbitten. Die Schnitt- und Schürfwunden meines Volkes sind nichts im Vergleich zu dem Schmerz in unseren Herzen und der Vergiftung unserer Köpfe bzw. unseres Verstandes. Vermagst du auch solche Leiden zu heilen?‹
Die Spitzwegerichfrau startet von ihrem Blatt und fliegt nahe an mich heran. Einen Augenblick lang flattert sie vor meinem Gesicht und sieht mir direkt in die Augen. Dann lächelt sie und sagt: ›Natürlich werde ich dir helfen. Auch meine Brüder und Schwestern bieten dir Hilfe. Wir freuen uns, das tun zu können. Tatsächlich warten wir schon zweihundert Jahre lang auf jemanden, der uns um diese Art von Hilfe bittet. Wir vermögen nichts zu tun, solange wir nicht darum gebeten werden.‹«   (Eliot Cowan 1994, S. 27)

Die Pflanzengeister wollen, dass wir sie bitten, damit sie uns mit Heilkraft, Nahrung und Wissen versorgen können. Das ist es, was wir für sie tun können. Übrigens gilt dies für alle Geistwesen: Sie sind darauf angewiesen, dass wir sie einladen, hier in der Alltagswirklichkeit zu wirken. Geister sind eben keine Götter. Sie sind Wesen außerhalb unserer Raum-Zeit-Welt. Wir können ihre Teilhabe am universellen Wissen und an der *Kraft* nützen, sie aber sind auf uns angewiesen, um in der materiellen Welt wirken zu können. Das kommt einem Austausch zwischen Partnern gleich, nicht zwischen Göttern und uns armen Sündern.

Statt die Reise direkt zum Geist der Pflanze anzutreten, können wir uns auch von der Pflanze rufen lassen: Wenn wir etwa mit einer Krankheit beschlagen sind und mit offenen Sinnen durch die Natur gehen, kann plötzlich eine Pflanze unsere Aufmerksamkeit erregen und uns ihre Heilkraft anbieten. Vielleicht müssen wir plötzlich vor einer Königskerze stehen bleiben, ja wir stolpern geradezu über sie. Oder wir treffen überall Johanniskraut an, der Duft von Minze dringt ganz intensiv in unsere Nase. Dann lohnt es sich, mit dieser Pflanze in Kontakt zu treten, ihren Geist zu fragen, was und in welcher Form die Pflanze zu unserer Heilung beitragen kann.

DER SCHAMANE ALS SEELENBEGLEITER

Wir müssen alle sterben und wir fürchten uns davor. Die christliche Mythologie tut wenig zum Abbau unserer Todesangst. Im Gegenteil: Drüben droht uns ein Gericht, das zwischen ewiger Verdammnis und Gückseligkeit entscheidet. Darum muss unser ganzes Bestreben darauf ausgerichtet sein, das irdische Leben zu verlängern. Damit rechtfertigen die Wissenschaften Unsummen von Forschungsgeldern. Der Leitsatz ärztlichen Handelns lautet: »Ja nicht sterben lassen!« – bis sich nun die Alterspyramide völlig umgekehrt hat und auf einer immer schmäleren Spitze steht. Nun melden sich die Krankenkassen, die sich weigern, das von ihren Mitgliedern bezahlte Prämiengeld für den Unterhalt von immer mehr und immer größeren Asylen von Alterskranken aufzuwenden. Schon kursieren Ergebnisse von Studien, die aufzeigen, dass Raucher für die Krankenkassen lukrativere Kunden sind als Abstinente – weil durch die suchtbedingte Lebensverkürzung die ganzen Behandlungskosten der Alterskrankheiten wegfallen; diese scheinen wesentlich höher als die Folgekrankheiten der Sucht. Werden wir es wohl schon erleben, dass unseren Kindern

Prämien angeboten werden, wenn sie uns zum Freitod motivieren können? Mehr und mehr überwiegen rein »ökonomische« Faktoren.

Es scheint, als ob uns die Auseinandersetzung mit dem Tod wieder einholt. Dafür gibt es aber nicht nur finanzielle Gründe. Immer mehr Menschen wollen nicht mehr als an den Schläuchen von Herz-, Atmungs-, Ernährungs- und Stoffwechsel-Apparaten hängende Kreatur verenden. Und auch die Ärzte bemühen sich, dem Tod die Würde wieder zurückzugeben und die alten Menschen zu Hause im Kreis ihrer Angehörigen vom Leben Abschied nehmen zu lassen.

Traditionellerweise bereitet der Priester die Menschen auf den Tod vor und unterstützt die Angehörigen. Noch früher oblag dem Schamanen und der Schamanin diese Aufgabe. Sie sind die Seelenbegleiter. Oft wird dafür der griechische Ausdruck Psychopompos verwendet. Der Schamane ist Mittler zwischen den Welten, auf seinen Jenseitsreisen geht er denselben Weg wie die Seele nach dem Tod. Er kennt den Übergang, die Schwelle, das Tor oder eben den Tunnel, wie er ihn auf seiner Reise in die Untere Welt antrifft. Menschen mit Nahtoderlebnissen berichten oft, dass sie sich in einem nachtschwarzen Trichter fanden, an dessen gegenüberliegendem Ende ein helles Licht strahlte. Dort trafen sie auf Wesen, die sie ins Leben zurückwiesen, weil es noch nicht an der Zeit sei, endgültig hinüberzugehen.

Jenseits der Schwelle erwarten uns Helfer, Verbündete, vielleicht vorverstorbene Angehörige, sonstige Ahnen, die unserer Seele dereinst das Geleit geben an ihren letzten Bestimmungsort. Der Schamane, die Schamanin übernimmt die Aufgabe, dem sterbenden Menschen den Eingang in den Tunnel zu zeigen und ihm zu helfen, schon vor dem Tod mit den jenseitigen Helfern Kontakt aufzunehmen. Wer den Weg kennt, braucht sich nicht mehr zu fürchten und ängstlich ans Leben zu klammern.

Aus schamanischer Sicht bilden die Welt der Lebenden und jene der Toten eine große Einheit. Sterben ist der nächste Schritt auf dem Weg der Heilung. In alten Häusern finden wir noch Seelenfensterchen, eine winzige Maueröffnung, die der Seele den Durchschlupf in die andere Welt gewährt. Heute müssen wir dem Sterbenden einen anderen Durchlass aus der Alltagswirklichkeit zeigen: das Zentrum eines Mandalas, das Innere einer Sonnenblume, ein Teich, ein Wolkendurchbruch, wie er oft an der Decke einer Kirche einen Blick in den Himmel gewährt. Der Schamane hilft dem Sterbenden, durch diese Öffnung, dieses Tor zu reisen und die jenseitigen Verbündeten kennen zu lernen und wieder zurückzukommen, um dann Abschied zu nehmen, wenn er gerufen wird. Manchmal muss ein Mensch hinübergehen, um zu erfahren, dass er weiterleben soll, da noch Aufgaben warten, z.B. die eines geheilten Heilers oder Sehers.

Sterben braucht Zeit. Pessimisten sagen, das ganze Leben sei nichts anderes als ein langsames Sterben. Dennoch, wenn der Tod plötzlich eintritt durch einen Unfall, ein Verbrechen oder eine Naturkatastrophe, dann fehlt der Seele die Zeit, Abschied zu nehmen von der Welt, an die sie genauso gebunden ist wie an den Körper. Angehörige, Freunde, Orte, Gegenstände, aber auch Aufgaben, Verpflichtungen, Erwartungen binden uns ans Leben. Liebe, Schuld, Verletzung, Zurückweisung halten die Seele in der Welt zurück, auch wenn der Körper tot ist.

Die Menschen berichten dann von mysteriösen Ereignissen an gewissen Orten, wie z.B. in alten Häusern. Albträume und Ängste quälen sie, unerklärliche Krankheiten, oder sie fühlen sich wie fremdgesteuert, »besetzt«: Es werden dann böse Geister vermutet, ein Fluch. Doch der Schamane oder die Schamanin wird auf der Reise von den Verbündeten erfahren, dass dort eine körperlose Seele die Welt nicht verlassen konnte, weil eine alte Schuld nicht getilgt, ein Verbrechen nicht gesühnt oder eine Aufgabe nicht erfüllt ist.

Der Schamane wird jene verlorene Seele von ihrem Tod überzeugen, was manchmal nicht so einfach ist, wenn z.B. die Seele einer Mutter von ihren Kindern weggerissen wurde, die Seele eines Mannes mit der Schuld eines Missbrauchs belastet ist. Wir sind nicht jeden Tag todesbereit. Dennoch ist er endgültig. Der Schamane wird der Seele helfen, Abschied zu nehmen, er wird sie hinüberbegleiten oder die Seele eines Ahnen rufen, die Seele seines Nachkommen abzuholen.

Aber auch die Zurückgebliebenen können oft nur schwer Abschied nehmen, Einsamkeit, Schuld, Angst, Wut quälen sie. Sie halten die Seele fest, lassen das Bett, das Zimmer des Verstorbenen unberührt, seine Hausschuhe stehen an der Tür, als ob er jeden Augenblick hereinkommen würde. Ältere Menschen reden mit ihrem verlorenen Partner, als würde er daneben stehen. Der Schamane oder die Schamanin wird ihnen helfen loszulassen. Aber nicht nur das, er oder sie werden die Zurückgebliebenen lehren, dass die Seelen Toter ihre Ahnen sind, mit denen sie in Träumen oder auf schamanischen Reisen wieder eine tiefe Beziehung pflegen können. Zuerst aber müssen die Seelen drüben geläutert werden, ja überhaupt erst im Seelenreich ankommen. Die einen sagen, die Seele brauche dazu 30 Tage Zeit, die anderen sagen 49.

Mit dieser kurzen Schilderung der Aufgaben im Hinblick auf Tod und Sterben will ich die Darstellung des Wirkens der Schamanen abschließen. Schamanen sind Brückenbauer, Mittler zwischen den Welten. Daher ist der Tod ihr dauernder Begleiter und Lehrer. Ein Verbündeter, der ihnen hilft, ganz im Leben zu stehen und wundersame Taten zu vollbringen.

VERGLEICH: TRÄUMEN – SCHAMANISCHES REISEN

Darstellung einer idealisierten Traumreise im Verlaufe einer Nacht und einer absichtlich unternommenen schamanischen Reise

		Träumen	Schamanisches Reisen
Alltagswirklichkeit (AW)	Wachleben	Wachheit Tageswachbewusstsein, normale Wahrnehmung und Aufmerksamkeit Vertraute gemeinsame Umwelt	
	Latenzphase	Müdigkeit, verminderte Wachheit Bewusstseinsveränderung durch: Umweltrückzug, Reizabschirmung, Ruhigstellen des Körpers	Normale Wachheit Bewusstseinsveränderung durch: monotone Rhythmen, Trommeln, Perkussion, Singen, Reizüberflutung, bei indigenen Schamanen evtl. Drogen
		Bewusstseins-Entgrenzung, Ich-Auflösung, minimales Körperbewusstsein Umweltverlust Hypnagoge Bilder	Schamanischer Bewusstseinszustand: Trance mit wacher Absicht: Heilkraft finden, Umwelt: persönlicher Kraftplatz
Zwischenwelt	Schwellenleben	Hypnagoge Bilder Bewusstseins-Regression Bewusstloser Schlaf Tiefschlaf, weckbar	Schamanischer Bewusstseinszustand Absicht: Reise durch einen Tunnel Umwelt: Erdinneres (vgl. Geburtskanal, Jenseitsdurchgang)

Nichtalltägliche Wirklichkeit	Visionäre Erlebnisse Begegnungen mit der spirituellen Kraft	Wechsel von Traum- und Tiefschlafphasen Weckbar Traumbewusstsein möglich (Luzidität)	Schamanischer Bewusstseinszustand
		Träumen	Absichtvolle Visionen: Begegnung mit Geistwesen, Erbitten von Heilkraft und Weisheit
		Keine Ich- und Umweltkonstanz	Verschmelzung mit Verbündeten (temporäre Besessenheit) zum spirituellen Heilen
		Erträumen momenthafter Lichtwelten	Empfangen von Visionen
Zwischenwelt	Schwellenleben	Schlafphasen abnehmender Tiefe	Schamanischer Bewusstseinszustand
		Autonomes oder fremdinduziertes Aufwachen	Rituelle Anwendung der Heilkraft oder Überbringen der Visionen
		Reorientierung im Alltag Fortsetzung der persönlichen Lebensgeschichte	Rollen- und Persönlichkeitswechsel Reorientierung im Alltagsbewusstsein
AW	Wachleben	Fortsetzung der persönlichen Lebensgeschichte	

BEGRIFFSGLOSSAR

Schamanismus ist Erfahrungswissen. Um diese Erfahrungen in Worte zu fassen, braucht es zum Teil eigene Begriffe. Hier sind die gebräuchlichsten erläutert.

Ahnen, Ahnenwelt – Seelenwesen verstorbener Vorfahren. Die Schamanen treffen sie als Geistwesen in der *Oberen Welt* und achten sie als Ratgeber und Vermittler von zeitlosem Wissen.

Alltägliche Wirklichkeit – Die gemeinsame physisch-materielle Welt, die wir im durchschnittlich alltäglichen Wachzustand erfahren. Sie ist den Raum-Zeit-Gesetzen unterworfen und wird von den Naturwissenschaften, der Psychologie und der Rechtswissenschaft beschrieben. Davon abgehoben wird die *Nichtalltägliche Wirklichkeit*.

Aufgaben des Schamanen – Der Schamane wirkt für seine Gemeinschaft als Heiler, Hüter und Vermittler der *Kosmologie*, Mythologie, Geschichte. Er ist Weiser, Ratgeber, Seelsorger, Geschichtenerzähler, Sänger, Künstler, Dichter, Schauspieler. Er unterhält den Kontakt zu den *Geistern*, bringt die Heilkraft aus der *Nichtalltäglichen Wirklichkeit* zu Mensch, Tier, Pflanze und an »kranke« Orte. Er sichert der Gemeinschaft die Hilfe und Unterstützung der Geister beim Zusammenleben, bei Zeugung und Fortpflanzung, bei Ernte und Jagd, beim Schutz vor Wetter und Feinden. Er führt die nötigen *Rituale* durch.

Ausbildung, Weitergabe, Lehre – Das schamanische Wissen wurde jahrhundertelang mündlich von den Schamaninnen und Schamanen an ihre Kinder weitergegeben. Neben dem »Erbschamanismus« gibt es die *Berufung*. Ein Mensch sucht sich einen erfahrenen Schamanen als Lehrer, der oft vom Novizen zuerst eine Visionssuche fordert. Heute wird schamanisches Wissen in Seminaren weitergegeben.

Ausrüstung – Trommel, Schamanengewand und Kopfschmuck sind die wichtigsten Ausrüstungsgegenstände. Weitere sind Medizinbeutel, *Kraftobjekte*, Heilsteine, *Räucherwaren*, Rhythmusinstrumente.

Außerkörperliche Erfahrung – In Träumen und veränderten Bewusstseinszuständen wie Trance, Ekstase, Meditation, nach Drogeneinnahme erlebtes Verlassen des physischen Körpers und Eingehen in andere Wirklichkeiten (engl.: Out-of-body-Experience). Die schamanische Reise ist eine außerkörperliche Erfahrung.

Berufung – Im eigenen Inneren verspürter Drang oder von der Familie, Sippe oder Lebensgemeinschaft auferlegte Bestimmung, den schamanischen Weg zu gehen. Durch Vorzeichen, Omen, in Träumen und Visionen, Krankheiten sowie spontan auftretende *Bewusstseinsveränderungen* sich ankündigende *Initiation*.

Besetzung – Fremdbeeinflussung von Bewusstsein und Verhalten durch das Seelenwesen eines Verstorbenen.

Bewusstseinszustand, veränderter Bewusstseinszustand – Bewusstsein ist die elementare Daseinsgewissheit. Gegenüber dem durchschnittlichen wachen Alltagsbewusstsein veränderte Bewusstseinszustände sind u.a. Träumen, Schlafen, Tagträumen, hypnotische oder durch Drogeneinnahme ausgelöste Trance, Schock- und Dämmerzustand. Bei der schamanischen Reise wird die Bewusstseinsveränderung durch monotones Trommeln ausgelöst.

Divination – Methoden der Informationsgewinnung über das Alltagsleben mit schamanischen Techniken, wie Lesen von Omen und Vorzeichen, Geisterbefragung zur Vorhersage der Zukunft und der Lebensbestimmung.

Ekstase – Außersichsein. Überschreiten der Begrenzungen des Bewusstseins, der Gefühle, des Körpers und mystische Vereinigung mit dem Universum. Der Schamane tanzt und trommelt sich in Ekstase, um mit Geistern in Kontakt zu kommen.

Extraktion – Schamanische Heilmethode. Der Schamane entzieht dem Körper des Klienten Eindringlinge oder saugt sie heraus. Diese repräsentieren die spirituelle Essenz von Krankheitserregern oder -rückständen.

Geist, Geister – Begegnungsform mit der universellen *Kraft* in Gestalt eines Tierwesens oder Ahnen. Seelenwesen in der raum-zeitlosen Sphäre der *Nichtalltäglichen Wirklichkeit*. Der Schamane sucht auf der schamanischen Reise Geister als Verbündete bei der Suche nach Heilkraft und Wissen. Wesenskräfte der Tiere, Pflanzen, aller Naturwesen sind Naturgeister (engl.: Spirits).

Gesundheit, Krankheit, Heilung aus schamanischer Sicht – Das Universum ist ein großes Ganzes, belebt und beseelt wie alles in ihm. Gesundheit bedeutet in Harmonie, Krankheit in Disharmonie mit den Gesetzen und Kräften des Universums zu sein. Von der Krankheit eines Einzelnen ist immer die ganze Gemeinschaft betroffen. Heilung ist Rückkehr in die Harmonie

Heilrituale – In den meisten schamanischen Traditionen vorkommende Heilrituale: *Krafttierrückholung, Seelenrückholung, Extraktion, Divination, Psychopompos*, Arbeit mit Naturgeistern.

Initiation – Einweihung in die Geheimnisse der universellen *Kraft*. Der Neuling erhält Zugang zu den Kräften der Nichtalltäglichen Wirklichkeit, indem sich ein Geist zeigt, der zum Verbündeten auf der Suche nach Heilkraft und Wissen wird.

Kosmologie – Weltbild der Schamanen. Im Zentrum steht der Weltenbaum als Weltenachse, die Wurzeln in der *Unteren Welt*, die Baumkrone in der *Oberen Welt*, ragt der Stamm durch die *Mittlere Welt* der Nichtalltäglichen Wirklichkeit. In vielen Traditionen ist die Sonne der Vater, die Erde die Mutter allen Lebens. Die Elemente und Himmelsrichtungen sind wesenhafte Kräfte, alle Naturwesen sind beseelt.

Kraft – Die allem innewohnende, universelle Lebenskraft. Alles ist eine Manifestation der universellen Kraft, die selbst verborgen bleibt, sie kann nur an ihren Wirkungen erfahren werden. In den Lebewesen hat sie sich zur Seele verdichtet.

Kraftlied – Dem Schamanen im Traum oder auf einer Reise von den Geistern geschenktes Lied, Mantara oder eine Melodie. Kraftgesänge ehren die Geister, rufen sie herbei, und sie wirken heilsam.

Kraftobjekt – Kunstvoll gefertigtes und rituell geweihtes Objekt aus Feder, Knochen, Häuten, Holz, Pflanzenteilen und Steinen. Oft einem bestimmten Verbündeten gewidmet. Zum Herbeirufen seiner Kraft und zum Heilen eingesetzt. Amulett, Fetisch und Talisman sind Kraftobjekte.

Kraftplatz – Ein Platz in der Natur, an dem durch frühere Ritualfeiern und/oder durch eine besondere Topografie der Erde starke spirituelle Kräfte wirken. Der Schamane benutzt den Kraftplatz als Übergang in die Nichtalltägliche Wirklichkeit und als Ort der Einkehr.

Krafttier – Zu einem Tierwesen verdichtete universelle *Kraft*, begleitet und unterstützt den Schamanen v.a. in der *Unteren Welt*. Verbündeter der Vitalkraft (vergleiche: Ahnen).

Krafttier-Rückholung – Vom Schamanen auf einer Reise für einen Klienten gefundenes *Krafttier* wird eingeblasen, um die Verbindung zur Vitalkraft wieder herzustellen.

Krafttier-Tanz – Tanz zur Inkorporierung von Kraft und Wesen des Krafttieres. Absichtliche und zeitlich begrenzte Besetzung durch den Tiergeist zum Übertragen der Heilkraft.

Kristalle – Kraftobjekte, Heilsteine aufgrund ihrer besonders starken Lichtkraft.

Mittlere Welt – In verändertem Bewusstseinszustand erfahrener Nichtalltäglicher Aspekt unserer Alltagswirklichkeit.

Nahtoderlebnis – Von Menschen nach einem schweren Unfall oder einer lebensbedrohlichen Krankheit übereinstimmend berichtete Erfahrung: Die Seele verlässt den Körper, passiert einen Tunnel in Richtung eines hellen und klaren Lichtes, wo Geistwesen den Ankommenden erwarten.

Nichtalltägliche Wirklichkeit – Im veränderten Bewusstseinszustand wie Traum und Trance erfahrene Welt. Sie ist die Geisterwelt außerhalb von Raum und Zeit, die Welt der Visionen und der spirituellen Kräfte. Für die Schamanen ist sie gegliedert in ein Untere, Mittlere und Obere Welt. Sie wird auch Anderswelt, Paralleluniversum genannt.

Obere Welt – Obere Sphäre der *Nichtalltäglichen Wirklichkeit*, die Welt der *Ahnen*.

Omen – Botschaft aus der Geisterwelt über bevorstehende Ereignisse, übermittelt durch ein Zeichen in der Natur, wie z.B. der Flug eines Vogels oder ein plötzlich aufkommender Wind.

Psychoaktive Pflanzen – Pflanzen, die veränderte Bewusstseinszustände auslösen, wie die Dschungelliane *ayahuasca*, die Kakteen *Peyotl* und *San Pedro*.

Psychopompos – Aus dem Griechischen stammender Begriff für Seelenbegleiter. Schamanen helfen Sterbenden, über die Schwelle des Todes zu gehen, und begleiten verlorene Seelen aus der *Mittleren Welt* ins Seelenreich.

Räucherung – Ritual zur spirituellen Reinigung von Menschen, Räumen und Objekten mit dem Rauch von getrockneten Kräutern wie Salbei, Wacholder, Lavendel.

Ritual – Inszenierung universeller *Kraft* durch Herbeirufen der Geister, Ausführen vorbestimmter Handlungen und Anwendung von Kraftobjekten. Bei den alten Schamanen mündlich weitergegeben. Rituale finden häufig nachts an einem *Kraftplatz* um ein Feuer statt, z.B. zur Sonnenwende, bei Vollmond, als Einweihungs-, Übergangs- und Heilritual oder als Reinigungsritual in einem Haus, an einem Platz.

Schamanische Reise – In verändertem Bewusstseinszustand absichtlich angestrebter Übergang von der *Alltagswirklichkeit* in die *Nichtalltägliche Wirklichkeit* und Kontakt mit den *Geistern*. Auch Jenseits- oder Seelenreise genannt

Schamanischer Bewusstseinszustand – Absichtlich herbeigeführte und kontrollierte Bewusstseinserweiterung, vergleichbar mit Trance oder Ekstase; ausgelöst durch monotones Trommeln, Tanzen, bei Naturvölkern auch durch Drogeneinnahme.

Schamanismus – Bei den Naturvölkern bis heute praktizierte Rituale zur Heilung und Problemlösung durch die Kraft der Geister und Wesenskräfte von Natur, Pflanzen, Tieren, Elementen.

Seele – In der Seele kristallisiert die *Kraft* des Universums zum individuellen Wesenskern. Sie ist die Metapher für die Essenz der Lebenskraft eines Lebenwesens.

Seelenverlust, -rückholung – Angesichts eines Traumas spaltet die Seele »Teile« ihrer Kraft ab. Schwäche, Depressionen, chronische Krankheiten sind die Folgen des Seelenverlustes. Angeleitet durch seine Verbündeten holt der Schamane die unversehrte Seelenkraft aus der Nichtalltäglichen Wirklichkeit zurück und bläst sie dem Klienten ein.

Spiritualität, spirituell – Spirituelle Lebensführung strebt nach Überwindung des eingeschränkten Alltagsbewusstseins und Hinwendung zur Harmonie der Kräfte des Universums. Spirituelle Kräfte sind jene im Alltag unsichtbaren, feinsinnig webenden Kräfte der jenseitigen Wirklichkeiten.

Untere Welt – Untere Sphäre der Nichtalltäglichen Wirklichkeit, die der Schamane durch die Reise in einen Erdtunnel hinab erreicht und dort vor allem zu seinem Krafttier Kontakt sucht.

Verbündete – Persönliche Geister, Krafttiere und Ahnen, die mit dem Schamanen zusammenarbeiten, die den Schamanen in der Nichtalltäglichen Wirklichkeit führen, Heilkraft und Weisheit vermitteln.

Vision – Erfahrungen im veränderten Bewusstseinszustand, in Traum, Trance, Ekstase oder bei anhaltendem Singen und Tanzen. Visionen können Bilder, aber auch akustische oder körperliche Wahrnehmungen sein.

Visionssuche – Aufenthalt in der Wildnis, um in Abgeschiedenheit, bei Hunger, Durst und Kälte oder Hitze seinen verbündeten Geist und seine spirituelle Lebensaufgabe zu finden. In vielen schamanischen Traditionen war das Bestehen einer Visionssuche Vorbedingung, um von einem erfahrenen Schamanen in die Lehre aufgenommen zu werden.

Zauberei – Die Kunst der Gewinnung und Anwendung der universeller Kraft für persönliche Zwecke.

Zerstückelung – Wandlungs- und Transformationsritual während einer schamanischen Reise oder im Traum. Der Schamane liefert sich schutzlos den Kräften des Universums aus, um teilweise oder ganz zerlegt, bis zu Staub zermalmt zu werden. Der rituellen Auflösung folgt die Neuerschaffung mit neuer Kraft und neuem Wissen.

LITERATUR

Andrews, L.: *Die Medizinfrau: Der Einweihungsweg einer weißen Schamanin.* Interlaken: Ansata 1983.

Bierhorst, J.: *Die Mythologie der Indianer Nordamerikas.* München: Diederichs 1988, Neuausgabe 1997.

Braem, H.: *Die magische Welt der Schamanen und Höhlenmaler.* Köln: Du Mont 1994.

Campbell, J.: *Mythologie der Urvölker.* München: Deutscher Taschenbuch Verlag, ungekürzte Ausg. 1996.

Campbell, J.: *Schöpferische Mythologie.* München: Deutscher Taschenbuch Verlag, ungekürzte Ausg. 1996.

Castaneda, C.: *Reise nach Ixtlan: Die Lehre des Don Juan.* Frankfurt: Fischer 1975.

Clottes, J. und Lewis-Williams, D.: *Schamanen: Trance und Magie in der Höhlenkunst der Steinzeit.* Sigmaringen: Thorbecke 1997.

Cowan, E.: *Pflanzengeist-Medizin. Der schamanistische Weg mit Heilkräutern.* München: Knaur 1994.

Cowan, T.: *Die Schamanen von Avalon. Reisen in die Anderswelt der Kelten.* Kreuzlingen/München: Ariston 1998.

Cowan, T.: *Schamanismus: Die Einführung in die tägliche Praxis.* Kreuzlingen/München: Ariston 1998.

Dalichow, I.: *Krafttiere – Boten der Göttin. Mit Krafttieren zu Energie und Heilung.* München: Goldmann 1999.

Dalichow, I.: *»Schamanen und die Geister sind Alliierte«.* In: *esotera* (Mai 1997), S. 24–28.

Dalichow, I.: *»Vermittler einer universellen Weisheit«*; Interview mit Sandra Ingerman. In: *esotera,* 12, 1999.

Ditterich, A. und Scharfetter, C.: *Ethnopsychotherapie: Psychotherapie mittels außergewöhnlicher Bewusstseinszustände in westlichen und indigenen Kulturen.* Stuttgart: Enke 1987.

Duerr, H.P.: *Traumzeit: Über die Grenze zwischen Wildnis und Zivilisation.* Frankfurt: Syndikat, 6. Aufl. 1982.

Eliade, M.: *Schamanismus und archaische Ekstasetechnik.* Zürich: Rascher 1956.

Eliade, M.: *Geschichte der religiösen Ideen.* Band 4. Freiburg/Basel/Wien: Herder, 2. Aufl. 1981.

Elsensohn, S.: *Schamanismus und Traum.* München: Diederichs 2000.

Findeisen, H. und Gehrts, H.: *Die Schamanen: Jagdhelfer und Ratgeber, Seelenfahrer, Künder und Heiler.* München: Diederichs, 4. Aufl. 1996.

Forster, S. und Little, M.: *Vision Quest. Sinnsuche und Selbstheilung in der Wildnis.* München: Goldmann 1994.

Friedrich, A. und Budruss, G.: *Schamanengeschichten aus Sibirien.* München: O.W. Barth Verlag 1955.

Gebser, J.: *Einbruch der Zeit*. Hrsg. von Rolf Hämmerli. Schaffhausen: Novalis 1995.

Gebser, J.: *Ursprung und Gegenwart*. 1. Teil. Gesamtausgabe, Bd. 2. Schaffhausen: Novalis 1978.

Goodman, F.: *Trance – der uralte Weg zum religiösen Erleben: Rituelle Körperhaltungen und ekstatische Erlebnisse*. Gütersloher Verlagshaus 1992.

Goodman, F.: *Wo die Geister auf den Winden reiten: Trancereisen und ekstatische Erlebnisse*. Freiburg im Breisgau: Bauer 1993.

Gottwald, F.-T. und Rätsch, C.: *Schamanische Wissenschaften: Ökologie, Naturwissenschaft und Kunst*. München: Diederichs 1998.

Grof, S. und Ch.: *Spirituelle Krisen: Chancen der Selbstfindung*. München: Kösel 1990.

Halifax, J.: *Die andere Wirklichkeit der Schamanen*. Bern und München: O.W. Barth Verlag 1985.

Harner, M.: *Shamanic Counseling*. Newsletter, Foundation for Shamanic Studies, Vol. 1, No. 1, 1988 (Übersetzung: Simon Werle).

Harner, M.: *Der Weg des Schamanen*. Kreuzlingen/München: Hugendubel (Ariston) 1999.

Hoffman, K.: *Play Ecstasy: Durch Bewegung zur Ekstase*. Südergellersen: Martin 1991.

Hoppál, M.: *Schamanen und Schamanismus*. Augsburg: Pattloch 1994.

Hultkrantz, A.: *Schamanistische Heilkunst und rituelles Drama der Indianer Nordamerikas*. München: Diederichs 2. Aufl. 1996.

Iding, D.: *Der Tod geht um die Welt. Mythen, Märchen und Geschichten um den Tod*. München: Goldmann 2000.

Ingerman, S.: *Auf der Suche nach der verlorenen Seele: Der schamanische Weg zur inneren Ganzheit*. Kreuzlingen: Ariston 1998.

Ingerman, S.: *Welcome Home: Die Heimkehr der Seele*. Kreuzlingen/München: Ariston 1999.

Jung, C.G.: *Die Archetypen und das kollektive Unbewusste*. Gesammelte Werke, Bd. 9. Düsseldorf: Walter 1995.

Jung, C.G.: *Der Mensch und seine Symbole*. Olten: Walter 11. Aufl. 1980.

Kalweit, H.: *Urheiler, Medizinleute und Schamanen: Lehren aus der archaischen Lebenstherapie*. München: Kösel 1987.

Katz, R.: *Num: Heilen in Ekstase. Spiritualität und uraltes Heilwissen: Die faszinierende Welt des San im südlichen Afrika*. Interlaken: Ansata 1985.

Kraft, H.: *Über innere Grenzen: Initiation in Schamanismus, Kunst, Religion und Psychoanalyse*. München: Diederichs 1995.

Lévi-Strauss, C.: *Stukturale Anthropologie*. 2. Bde. Frankfurt: Suhrkamp 1991.

Lüpke, Geseko v. und Sylvia Koch-Weser: *Vision Quest*. Kreuzlingen/München: Hugendubel (Ariston) 2000.

Moos, U.: *Spirituelles Heilen: Der andere Weg zur Gesundheit*. Wien: Ueberreuter 1999.

Morgan, M.: *Traumfänger*. München: Goldmann 1995.

Paturi, F.R.: *Heilbuch der Schamanen: Mit Trommelrhythmen und Naturweisheiten das Bewusstsein verändern und das Wissen der Schamanen nutzen*. München: Ludwig 1999.

Rasmussen, K.: *Die Gabe des Adlers: Eskimomythen aus Alaska.* Berlin: Zerling, 3. Aufl. 1996.

Reichel-Dolmatoff, Gerardo: *Das schamanische Universum. Schamanismus, Bewusstsein und Ökologie in Südamerika.* München: Diederichs 1996.

Roth, G.: *Totem: Gelebter Schamanismus.* München: Heyne, überarb. u. erw. Neuausg. 1999.

Sandner, D.: *So möge mich das Böse in Scharen verlassen: Eine psychologische Studie über Navajo-Heilrituale.* Solothurn/Düsseldorf: Walter 1994.

Scharfetter, Ch.: *Der spirituelle Weg und seine Gefahren.* Stuttgart: Enke 1994.

Scharfetter. Ch.: *Schizophrene Menschen: Bewusstseinsbereiche und Psychopathologie, Ich-Psychopathologie des schizophrenen Syndroms, Forschungsansätze und Deutungen, Therapiegrundsätze.* München: Urban und Schwarzenberg, 2. überarb. u. erw. Aufl. 1986.

Scharfetter, Ch. und Rätsch, Ch.: *Welten des Bewusstseins.* Berlin: Verlag für Wissenschaft und Bildung 1998.

Sun Bear, Wabun Wind, Crysalis Mulligan: *Das Medizinrad Praxisbuch.* München: Goldmann 1991.

Uccusic, P.: *Der Schamane in uns: Schamanismus als neue Selbsterfahrung, Hilfe und Heilung.* Genf/München: Ariston 1991.

Walsh, R.N.: *Der Geist des Schamanismus.* Olten: Walter 1992.

Watts, W.: *Kosmologie der Freude.* Aarau: AT-Verlag 2000.

Zumstein, C.: *Reise hinter die Finsternis: Aus der Depression zur eigenen Schamanenkraft.* Kreuzlingen/München: Hugendubel (Ariston) 1999.

KONTAKTADRESSEN

The Foundation for Shamanic Studies Europe
Paul Uccusic
Krottenbachstraße 99/10, A-1190 Wien
Tel. + Fax: 0043-1-480 17 53
E-mail: office@shamanicstudies.net
www.shamanicstudies.net

ETHNOMED Institut für Ethnomedizin
Melusinenstr. 2
81671 München
Tel. + Fax: 0049-(0)89- 40908129
E-mail: info@institut-ethnomed.de
www.institut-ethnomed.de

Seminarhaus Winkel
Loon Schneider & Waheo König
Im Winkel 6, CH-8560 Märstetten
Tel. König: 0041-(0)71 657 23 43
Tel. Schneider: 0041-(0)71 657 27 70
Fax: 0041-(0)71 657 27 70
E-Mail: info@winwinkel.ch
www.winwinkel.ch

SCHAMANISMUS & HEILEN e.V.
Bauerstr. 15
80796 München
Tel.: 0049-(0)89-200 619 01
Fax: 0049-(0)89-200 619 05
E-Mail: info@schamanismus-und-heilen.de
www.schamanismus-und-heilen.de

ZUM AUTOR

Carlo Zumstein, Dr., geboren 1948, studierte Psychologie an der Universität Zürich. Nach einer Weiterbildung zum Psychotherapeuten war er mehrere Jahre in einer psychiatrischen Klinik als Leiter einer Suchtbehandlungsstation tätig. Seit 1984 arbeitet er als Psychotherapeut mit eigener Praxis und wendet schamanische Heilrituale zur Behandlung seelischer und körperlicher Leiden an. 1995 wurde er Mitglied der internationalen Fakultät der Foundation for Shamanic Studies (FFS), deren Schweizer Sektion er gründete und heute leitet. Carlo Zumstein lebt mit seiner Frau und seinen zwei Kindern im Züricher Oberland.